Galen Stoller

Mein Leben nach dem Leben

Für meine Großmutter –

den letzten Menschen auf Erden,

der mir einen weisen Rat erteilt hat.

Galen Stoller
(1991–2007)

Mein Leben nach dem Leben

Die Jenseitsmemoiren
des Galen Stoller

Herausgegeben von K. Paul Stoller, MD

Aus dem Amerikanischen von Johanna Ellsworth

//////////////////////////////// SILBERSCHNUR 🦋 VERLAG

Alle Rechte vorbehalten.
Außer zum Zwecke kurzer Zitate für Buchrezensionen darf kein Teil dieses Buches ohne schriftliche Genehmigung durch den Verlag nachproduziert, als Daten gespeichert oder in irgendeiner Form oder durch irgendein anderes Medium verwendet bzw. in einer anderen Form der Bindung oder mit einem anderen Titelblatt als dem der Erstveröffentlichung in Umlauf gebracht werden. Auch Wiederverkäufern darf es nicht zu anderen Bedingungen als diesen weitergegeben werden.

Copyright der Originalausgabe © 2011 by K. Paul Stoller,
Titel der Originalausgabe: "My Life after Life. A posthumous Memoir",
veröffentlicht bei Dream Treader Press, Santa Fe, New Mexico
Copyright der ersten deutschen Ausgabe © 2015 Verlag »Die Silberschnur« GmbH

ISBN: 978-3-89845-464-3

1. Auflage 2015

Gestaltung & Satz: XPresentation, Güllesheim
Umschlaggestaltung: XPresentation, Güllesheim; unter Verwendung eines Motivs von © Dr. K. Paul Stoller
Druck: Finidr, s.r.o. Cesky Tesin

Verlag »Die Silberschnur« GmbH
Steinstraße 1 · D-56593 Güllesheim
www.silberschnur.de · E-Mail: info@silberschnur.de

Inhalt

Stimmen zum Buch	7
Vorwort von Bernie Siegel, MD	11
Einführung	19
Anmerkungen des Herausgebers	27
Prolog: Der seltsamste Traum, den ich je hatte	29
Kapitel 1: Die Stühle	33
Kapitel 2: Matthews Botschaft	43
Kapitel 3: Das große Ich	55
Kapitel 4: Die Halle der Becher	63
Kapitel 5: Das Vermächtnis	73
Kapitel 6: Aus Andys Sicht	81
Kapitel 7: Anhalter im Universum	89
Kapitel 8: Wyrme wird vorgeführt	101
Kapitel 9: Die Frau im Fenster	111
Kapitel 10: Der kleine Bruder	123
Kapitel 11: Wyrmes Haar	135
Kapitel 12: Hin und zurück	143

Kapitel 13: Brock, der irdische Botschafter	155
Kapitel 14: Das Portal zur Erde	163
Kapitel 15: Miss Lavenders Lektion	173
Epilog	183
Danksagungen	189
Über den Autor	190
Über den Herausgeber	191

Stimmen zum Buch

»Das erste Buch in der Serie *Death Walker* von Galen und K. Paul Stoller ist die mutige Zusammenarbeit von Vater und Sohn und wurde über den Abgrund zwischen Leben und Tod hinweg geschrieben. Der Sohn, der als Jugendlicher einen plötzlichen Tod erlitt, gewährt einen faszinierenden und tröstlichen Einblick in das Leben nach dem Tod. Der Vater entkommt der Hölle seiner Trauer, nimmt wieder Verbindung mit seinem Sohn auf und schreibt dessen Worte nieder. *Mein Leben nach dem Leben* ist ein außergewöhnlicher Weg in die Mysterien des Geistes und der Seele.«

— Paul Trachtman —
Redakteur

»Jedem, der je den Tod als das Auslöschen und die Zerstörung all dessen, was uns lieb ist, gefürchtet hat, wird *Mein Leben nach dem Leben* Trost bringen. Dieses Buch ist eine gewagte und mutige Erforschung der endlosen Ausdehnungen des Bewusstseins und der beständigen, ewigen Macht der Liebe.«

— Dr. Larry Dossey —
Autor von »Heilende Worte: Die Kraft der Gebete als Schlüssel zur Heilung« (Crotona, 2013) und »Ich habe es geahnt! Wie Vorahnungen sich bestätigen und unser Leben bestimmen« (Crotona, 2011)

»*Mein Leben nach dem Leben* klingt über den rationalen Verstand hinaus authentisch. Die Geschichte bietet Menschen in tiefer Trauer den so dringend benötigten Trost.«

— Dr. Christiane Northrup —
Autorin der New York Times-Bestseller
»Frauenkörper, Frauenweisheit: Wie Frauen ihre ursprüngliche Fähigkeit zur Selbstheilung wiederentdecken können« (Zabert Sandmann, 2010) und »Weisheit der Wechseljahre: Selbstheilung, Veränderung und Neuanfang in der zweiten Lebenshälfte« (Zabert Sandmann, 2005)

»Die mutigen Berichte von Menschen wie Dr. K. Paul Stoller und Galen werden das Leid vieler Trauernder mindern.«

— Victor Zammit —
Autor von »A Lawyer Presents the Case for the Afterlife«

»In diesem Buch steckt mehr Weisheit als nur die Geschichte von Galens Weiterleben. Es glänzt mit Wahrheiten, die uns, den Lebenden, bei der Suche nach uns selbst helfen können. Vom Jenseits kommen Wahrheiten über das Wesen und den Sinn des menschlichen Lebens und letztendlich auch über den Geist der Liebe. Dieses Buch und die so wichtige Botschaft, dass an uns auf Erden so felsenfest geglaubt wird, hat mich total überzeugt.«

— Cyndi Dale —
»Der Energiekörper des Menschen: Handbuch der feinstofflichen Anatomie« (Lotos, 5. Auflage 2012) und «The Complete Book of Chakra Healing«

Stimmen zum Buch

»Die Prosa – auf der Satzebene, auf der sich die Leser tatsächlich befinden – fühlt sich wie eine stabile und wunderschöne Brücke von einem Geist zum anderen an. Ein tolles Werk. Danke für Ihren Beitrag, der unserem Bewusstsein hilft, zur Ganzheit zurückzukehren.«

— Chris Kelly —
Künstlerin

»Dr. Raymond Moody spricht über das Leben nach dem Tod. Dr. Melvin Morse fand in den Erlebnissen von Kindern, die an Wunder grenzen, die Erleuchtung. Betty Eadie und viele andere haben ihre eigenen Wunder erlebt. Nun haben wir auch noch Galens wundersame Reise mit ihren eigenen Tiefen und Einsichten. Galen wird anderen, die seine Mitteilungen und Erfahrungen brauchen, Bestätigung und viel Hoffnung geben.«

— L. S. Sanchez —
Erzieherin und Kinderanwältin

»In seinem irdischen Leben kommunizierte Galen in seltenen und freudigen Dialogen ›zwischen den Spezies‹ mit Hunden. Es macht also absolut Sinn, dass er nun weiterhin über andere Grenzen hinaus mit dem Geist geliebter Menschen kommuniziert. *Mein Leben nach dem Leben* bestätigt den Zugang zu der Begabung, die manche Menschen bewusst anwenden.«

— Carolyn Clark Beedle —
Leiterin der Organisation
»Assistance Dogs of the West«

»Beim Lesen des Buches hatte ich das Gefühl, Galen wirklich zu begegnen. Seine Beobachtungen und Sprache sind herzerwärmend und wundervoll. (Was für ein tolles Kind!) In *Mein Leben nach dem Leben* stecken kostbare Wahrheiten. Je mehr der Leser weiß, umso mehr wird er in diesem Buch wiedererkennen. Man sollte es behalten und es immer mal wieder lesen.«

— Gretchen Vogel —
Autorin von »Entscheidungen im Jenseits« (Choices Publishing, 2011)

»Die Geschichte hat mich zutiefst berührt und verzaubert. Eine solche Tragödie, die letztendlich Trost spendet, deutet darauf hin, dass wir wirklich spirituelle Wesen in irdischer Existenz sind. Dieses übersinnliche und visionäre Buch beweist, dass echte Beziehungen niemals enden.«

— Akiane Kramarik —
Künstlerin und Dichterin

Vorwort

Ich wollte ein Vorwort zu diesem Buch schreiben, damit meine Worte und ihr Inhalt es dem Leser erleichtern würden, sich für das Thema Leben und Tod und für das mögliche Spektrum an Erfahrungen, die uns allen zur Verfügung stehen, zu öffnen. Nachdem ich Arzt geworden war, stellte ich fest, dass ich mir während der Ausbildung zwar eine Menge an medizinischem Wissen angeeignet hatte, aber keine echten Kenntnisse über das Leben und die Menschen hatte. Wenn mich ein Patient um Rat bat, wie er zwischen den Arztterminen weiterleben sollte, und als ich anfing, Patienten mit lebensbedrohlichen Krankheiten zu beraten, konnte ich meine eigenen Erfahrungen nicht länger verdrängen. Statt die Augen zuzumachen und zu antworten: »Ich kann das, was Sie mir sagen, nicht akzeptieren«, fing ich an, meine eigenen Erfahrungen zu leben und meine Überzeugungen durch sie zu formen. Auch scherte ich mich nicht darum, was andere über mich denken würden. Das machte mich frei, das Wesen des Lebens zu erforschen und trotzdem von den Menschen, die mir wichtig sind, akzeptiert zu werden.

Vielleicht war ich noch nie normal. Als ich vier Jahre alt war, trat meine offene Einstellung zum ersten Mal zutage. Ich zerlegte damals ein Spielzeug und steckte mir alle kleinen Einzelteile in den Mund, so wie ich es bei den Handwerkern beobachtet hatte, die sich Nägel in den Mund steckten, bevor sie sie ins Holz hämmerten. Plötzlich verschluckte ich die Teile und bekam keine Luft mehr – ein schmerzhafter und unangenehmer Tod. Dann hörte der Kampf auf und ich merkte, dass ich nicht mehr in meinem

Körper steckte, sondern auf ein sterbendes Kind hinunterschaute, mit dem ich mich nicht länger identifizieren konnte, und ich wunderte mich so, wie ein Blinder sich in einem Nahtoderlebnis womöglich wundert, dass er plötzlich sehen kann. Ich weiß noch, dass ich statt des Lebens den Tod wählte. Doch dann wurde ich wieder in den Körper des Jungen zurückgesogen, als er sich erbrach und dabei die Teile ausspuckte, so dass er wie beim Heimlich-Manöver wieder atmen konnte. Ich rief: »Wer war das?« Ich war ziemlich sauer, weil meine Entscheidung nicht respektiert worden war. Es gab mir das Gefühl, nicht die Kontrolle über meinen Lebensplan zu haben.

Jahre später war ich als vielbeschäftigter Arzt in das Leben vieler anderer involviert und als Dozent auf der ganzen Welt tätig. Als mich ein Freund anrief und mich fragte: »Warum lebst du so ein Leben?«, versetzte ich mich in Trance und erlebte mich in einem früheren Leben, in dem ich sah, wie ich mit einem Schwert in der Hand alle möglichen Lebewesen tötete. Ich tötete aus Angst vor dem, was mein Herr mir antun würde, wenn ich sein Urteil hinterfragte oder seine Befehle ignorierte. Durch dieses emotionale Erlebnis lernte ich, wie wichtig die Wahl des richtigen Herrn ist, dem man folgt. Heute glaube ich, dass wir alle von unserem früheren Bewusstsein geprägt sind und beeinflusst werden – wie zum Beispiel meine Berufswahl, Chirurg zu werden, um mit einem Messer heilen zu können, statt zu töten.

Weitere Ereignisse trugen sich zu, während ich Menschen mit lebensbedrohlichen Krankheiten beriet. Wie eine meiner Patientinnen mir offenbarte, war sie übersinnlich veranlagt. Sie kommunizierte mit den Toten und hatte Mitteilungen an mich. Ihre Botschaften, die sich auf die Namen und Sprechweisen Verstorbener bezogen, waren zweifellos real. Seitdem sprechen die Toten mit mir und ich vernehme Stimmen aus dem kollektiven Bewusstsein, die mich dazu bringen, bedeutsame Dinge zu tun.

So hörte ich beim Spazierengehen am Morgen des Tages, an dem mein Vater sterben würde, eine Stimme, die mich fragte, wie sich meine Eltern kennengelernt hatten. Ich sagte, ich wüsste es nicht. Die Stimme antwortete: »Dann frage deine Mutter, wenn du im Krankenhaus bist.« Das tat ich, woraufhin sie anfing, aus ihren Erinnerungen zu erzählen. Anscheinend hatte mein Vater beim Münzenwerfen verloren und musste daher mit meiner Mutter ausgehen. Diese und andere verrückte Geschichten schufen eine Atmosphäre, in der mein Vater lachend sterben konnte.

Bei einer anderen Gelegenheit hatte ich gerade mein Buchmanuskript *Buddy's Candle*, in dem es um einen Hund und ein krebskrankes Kind geht, fertiggestellt, da hörte ich eine Stimme, die mich anwies, zum örtlichen Tierheim zu gehen. Als ich das Tierheim betrat und einen Hund neben der Tür sitzen sah, fragte ich: »Wie heißt er?« – »Buddy«, sagte man mir. »Er ist erst seit einer Viertelstunde hier.« Ich erklärte, dass ich gekommen war, um ihn mit nach Hause zu nehmen. Genau das tat ich auch. Wir hatten auf unserem Grundstück eine Rettungsstation für verschiedene Tierarten eingerichtet, und unsere fünf Kinder halfen mir, sie zu versorgen. Ich rette noch heute Lebewesen – wahrscheinlich, um das Töten in meinem früheren Leben, dessen ich mir bewusst bin, wiedergutzumachen.

Ein weiteres Beispiel für guten Rat, den ich von Stimmen aus dem kollektiven Bewusstsein erhielt, ereignete sich, als das Herz meines Patienten mitten in der Operation zu schlagen aufhörte und er nicht wiederbelebt werden konnte. Da ich nichts zu verlieren hatte, befolgte ich die Anweisung und sagte erst seinen Namen und dann: »Ihre Zeit ist noch nicht abgelaufen. Kommen Sie zurück.« Sofort fing sein Herz wieder an zu schlagen, und sein Zustand stabilisierte sich.

Die Kabarettistin Lily Tomlin hat einmal gesagt: »Wenn du mit Gott sprichst, nennt man das Beten. Wenn Gott zu dir spricht, nennt man das Schizophrenie.« Da manche Leute nicht akzeptieren können, dass es Stimmen gibt, sollten Sie darauf achten, wem Sie von den Botschaften Ihrer Stimme erzählen. Diese Vorsicht wird in *Mein Leben nach dem Leben* außer Acht gelassen; hier schreibt ein Vater die Worte seines toten Sohnes auf, ohne sich darum zu scheren, wer seine Leser sind. Man braucht Mut, um die Erfahrungen mit anderen teilen, die zu diesem Buch – und zu seinem Vorwort – geführt haben. Doch das ist genau das, was nötig ist, damit wir alle von den Informationen profitieren können.

Berichte über den anhaltenden Kontakt zu toten Kindern sind nichts Neues. In vertraulicher Atmosphäre berichten Eltern, deren Kinder gestorben sind, von mystischen Erfahrungen, die auf eine anhaltende Kommunikation mit ihren Kindern deuten. Als eine Mutter über die Liebe ihrer ermordeten Tochter zu Vögeln sprach, flogen Vögel durchs Fenster des Raums, in dem wir uns befanden. Im Garten einer Familie aus Connecticut, deren verstorbener Sohn Schmetterlinge gesammelt hatte, flatterte ein exotischer Schmetterling umher. Während einer Fahrt im Schneesturm hörte eine Mutter die Stimme ihres Kindes, das sie drängte, in einer Kurve langsamer zu fahren. Dies rettete sie davor, in einen Auffahrunfall hineinzuschlittern. Ich fragte mich früher immer, warum diese Kinder noch Jahre nach ihrem Tod die Kommunikation aufrechterhielten. Warum waren sie nicht in einem anderen Körper zurückgekehrt, statt Zeit zu verschwenden? Es war mir ein Rätsel, bis ich die Fernsehsendung *Carousel* sah, in der ein Mann stirbt, als seine Tochter noch ein Säugling ist. Als ein Engel ihn fragt, ob er ihr bei der Schulabschlussfeier zusehen will, entgegnet der Mann, dass sie doch noch ein Baby sei, woraufhin der Engel antwortet: »Hier oben gibt es keine Zeit.«

Bühnenautoren, Dichter und kreative Schriftsteller sind Boten, die sich der subtilen Wahrheiten des Lebens bewusst sind. Wenn sie also aus Erfahrung sprechen, dürfen wir das akzeptieren und glauben. Sie werden zum Beispiel aus diesem Buch lernen, dass das Bewusstsein nicht örtlich gebunden ist und dass seine Existenz keines irdischen Körpers bedarf; auch gibt es im Bewusstsein keine Trennungen. Aus meiner Arbeit mit Träumen, Zeichnungen und aus Gesprächen mit Menschen und Tieren weiß ich, dass das Bewusstsein unbegrenzt ist und sich zur Weitergabe von Informationen eignet. Wenn unser Verlust uns zu schaffen macht, wenn wir in Trauer und Angst gefangen sind oder mit anderen Dingen beschäftigt sind, ist der Verstand zu erregt, um Botschaften zu empfangen. Der ruhige Geist, der in Mythen und Religionen oft durch einen stillen Teich symbolisiert wird, lässt uns unser wahres Selbst in seiner Spiegelung erkennen. Wenn unser Geist ruht, werden wir offen dafür, die Wahrheit und das Leben wirklich wahrzunehmen – an welchem Punkt Theorie und Realität nebeneinander existieren können.

Hier hört ein Vater aufmerksam den Worten seines verstorbenen Sohnes zu. Wie der Schweizer Psychiater C. G. Jung in *Jung on Death and Immortality* sagt, »muss man nicht verrückt sein, um [eine solche] Stimme zu hören. Im Gegenteil: Es ist das Simpelste und Natürlichste, was man sich vorstellen kann. Sie können sich zum Beispiel eine Frage stellen, auf die ›er‹ antwortet.«* Wie ich festgestellt habe, kann man sich mit einem Seelengefährten oder seinem inneren Führer unterhalten, indem man ihm Fragen stellt.

Ich kann mich noch gut daran erinnern, dass ich versucht habe, meine Erfahrungen in Artikeln für medizinische Fachzeitschriften mitzuteilen, und dass meine Artikel mit dem Vermerk »interessant, aber unpassend« zurückgeschickt wurden. Als ich sie an psychologische Fachzeitschriften schickte, kamen sie mit dem Vermerk »passend, aber uninteressant« zurück. Das war der Punkt, an dem meine Wut über die mangelnde wahre medizinische Ausbildung in mir hochstieg. Unsere Fachliteratur beschränkt uns auf die Methoden, die auf unserem speziellen Fachgebiet angewandt werden. Wir diagnostizieren und verschreiben zwar, aber wir hören nicht zu und erfahren nichts über die Erfahrungen unseres Patienten. Wir müssen aufhören, uns auf Theorien zu konzentrieren, und uns die echte Wahrheit von Leben und Tod ansehen. Alles dreht sich um Anfänge, genauso wie der Schulabschluss ein Anfang genannt wird und die Bibel in einer Offenbarung und nicht in einem Abschluss endet.

Tatsächlich wird laut Jung »die Zukunft unbewusst schon lange im Voraus vorbereitet und lässt sich daher von Hellsehern erraten.«* Und wie der Schriftsteller William Saroyan schreibt, wird man nach dem Verlassen des Körpers »traumlos, unlebendig, vollkommen«.* Jedes Leben ist wie eine Kerze, deren Länge nichts mit dem Alter zu tun hat, sondern damit, wie viel Zeit einem zum Leben bleibt, bevor die Kerze heruntergebrannt ist.

Zu viele Menschen brennen vor ihrer Zeit herunter, weil sie sich bei dem Versuch, das zu werden, was andere von ihnen erwarten, selbst aus den Augen verlieren. Andere versäumen es, das, was sie umbringt, zu eliminieren, und bringen sich und andere dadurch aus Rache für Ablehnung oder Missbrauch in ihrer Vergangenheit um. Wir alle müssen auf unser Herz statt auf unseren Verstand hören. Selbst dann erhalten wir keine vollkommene Welt, weil Vollkommenheit nicht die Schöpfung, sondern ein Zaubertrick ist. Wir sind hier, um aus der Weisheit derer, die vor uns da waren, zu lernen. Und diese Weisheit drängt uns, achtsam zu sein und so lange ein gesundes Leben zu leben, wie es uns möglich ist. Indem wir unsere Bewusstseinsstufe erweitern, können wir zukünftigen Generationen Weisheit vermitteln. Anders ausgedrückt: Wenn wir lernen, unser Leben zu heilen, wird die Welt durch unser Bewusstsein geheilt.

Dennoch ist der Tod nicht der schlimmste Ausgang. In seinem Buch *Understanding the Great Philosophers* schreibt Henry Thomas: »Die gesamte Zivilisation ist nichts als ein Entwicklungsprozess, der es dem Menschen ermöglicht, sich einer ungastlichen Welt anzupassen und für einen kurzen Zeitraum im ewigen Kampf um die Existenz zu überleben. Denn alles Leben ist ein ständiger Krieg, und es gibt für keinen von uns Waffenstillstand – außer im Tod.«* Wenn wir die Mühen unseres Kampfes als Geburtswehen betrachten, haben wir die Chance, ein neues Selbst mit einem höheren Bewusstseinslevel zu gebären. Und mit dem Tod kommt das Wissen, wie wir unser zukünftiges Leben ganz machen können.

Der spirituelle Lehrmeister Eknath Easwaran sagt: »Egal, wie sehr wir uns auch bemühen – letztendlich kann keiner von uns der niederschmetternden Tatsache des Todes entrinnen. Doch eine Begegnung mit dem Tod wird auf alle Fälle eine Veränderung zum Besseren in uns bewirken. Sie kann uns auf der langen Suche nach etwas Sicherem im Leben, etwas, wonach der Tod nicht greifen kann, weiterhelfen.«* Die Liebe ist das, was sicher, andauernd und unsterblich ist. Liebe ist die Brücke zwischen den Lebenden und den Toten. Das ist die Botschaft, die uns die Toten kontinuierlich übermitteln.

Während Sie weiterlesen und aus der Weisheit, die in diesem Buch mitgeteilt wird, lernen, sollten Sie Helen Kellers eindringliche Worte im Sinn behalten: »Der innere oder mystische Sinn schenkt mir die Vision des Ungesehenen. Sie behaupten skeptisch, ich würde Licht sehen, das es nie gab. Aber ich weiß, dass ihr mystischer Sinn schlummert, und das ist der Grund, warum es in ihrem Leben so viele unfruchtbare Orte gibt. Sie ziehen der Vision Fakten vor. Sie wollen einen wissenschaftlichen Beweis, und den können sie auch haben. Gott hat aus diesem Affen den Seher erschaffen, und die Wissenschaft trifft auf den Geist, so wie das Leben auf den Tod trifft, und Leben und Tod sind ein und dasselbe.«*

Dr. Bernie Siegel

---

* *Alle Zitate übersetzt von Johanna Ellsworth.*

Einführung

Ich erfuhr vom Unfall erst mehrere Stunden danach, als ich auf dem Weg zu einem Wohltätigkeitsbankett mit meiner Mutter einen Anruf von der Bundespolizei erhielt. Als sei es erst gestern passiert, erinnere ich mich noch deutlich an die Worte des Polizisten - »Er hat es nicht überlebt«, - bevor ich einen Schock erlitt. Für den Bruchteil einer Sekunde klangen sie falsch - so sicher war ich mir, dass mein Sohn noch am Leben war.

Da die statistische Wahrscheinlichkeit, ein Kind durch einen Autounfall zu verlieren, 1 zu 20.000 ist - und bei einem Zugunglück noch viel geringer -, schien es unmöglich, dass so etwas meinem eigenen Sohn zustoßen könnte. Ich war überzeugt, dass solche Dinge nur Fremden passieren, die dann in den Abendnachrichten gezeigt werden.

Ich erinnere mich an die Worte, die mir ein Mystiker kurz nach Galens Geburt gesagt hat und die andeuteten, dass er das Erwachsenenalter erreichen würde: »Ihr Sohn wird da weitermachen, wo Ihre Lehren aufhören. Am Ende wird Ihr Sohn Sie beraten.« Damals nahm ich die ungewollte Prophezeiung als Versicherung, dass mein Sohn in die Fußstapfen seines Vaters treten und eines Tages so weise sein würde, dass ich ihn um Rat fragen könnte.

Anfangs sah es so aus, als wäre sein Tod die eindeutige Widerlegung dieser Voraussage. Doch als ich später in der Lage war, mit ihm zu kommunizieren, wurde er tatsächlich ein Lehrmeister - indem er mir aus dem Jenseits seine Erfahrungen mitteilte, so wie er sie wahrnahm.

Ich bin Galens Vater und werde Galens Vater bleiben, solange ich ein bewusstes Wesen bin, unabhängig von unserem Zustand oder der Dimension, in der wir uns befinden, da die Verbindung, die ich zu meinem Sohn habe, Zeit und Raum überwindet. Vater zu werden, hat mich so tief berührt wie viele andere. Als Galen sieben war, haben sich seine Mutter und ich scheiden lassen. Ich hoffte, es würde für alle das Beste sein, und krempelte mein ganzes Leben um, um für Galen da zu sein und ihm alles bieten zu können, was er brauchte. Auch wenn ich jetzt ein Vater bin, dessen Sohn gestorben ist, weiß ich zumindest, wo mein Sohn ist, und auch wenn ich ihn nie mehr mit meinen irdischen Augen sehen werde, ist er doch nicht verloren. Es gibt viele Eltern, deren Kinder entführt wurden und vermisst werden oder zu denen sie keinen Zugang haben oder mit denen sie aufgrund einer tragischen Krankheit oder Behinderung nicht kommunizieren können.

Man sagt, der Tod eines Kindes sei der schrecklichste Albtraum eines Elternteils, doch wie ich festgestellt habe, stimmt das nicht ganz. Es ist für jeden Vater und jede Mutter im irdischen Sinne der schrecklichste Albtraum. Als es mein Albtraum wurde, wusste ich, dass ich ihn körperlich nicht überstehen würde, dass mein Herz die Intensität meiner Gefühle nicht aushalten würde. Doch dann wurde das Trauma von Galens Tod zum Auslöser tiefgründiger körperlicher und spiritueller Transformationen. Das Eingreifen unerwarteter Quellen befähigte mich schließlich, dieses Buch zusammenzustellen. Auch wenn die nachfolgenden Seiten Informationen enthalten, die meiner Glaubwürdigkeit und meinem Ruf als Arzt schaden werden – ich bin immer wahrhaftig geblieben, wenn es um meinen Beruf ging, und von dieser Einstellung weiche ich auch nicht ab, wenn ich Galen darin unterstütze, dieses Buch herauszubringen.[1]

---

1) So habe ich mich beispielsweise sehr offen zur Rolle der Umweltfaktoren in der gegenwärtigen »Autismus«-Epidemie geäußert (K. P. Stoller: »Les Incompetents: My Open Letter to the American Academy of Pediatrics«, Medical Veritas 5 (2008): 1699-1700 und K. P. Stoller: »Autism as a Minamata Disease Variant: Analysis of a Pernicious Legacy«, Medical Veritas 3 (2006): 772-780; beide können unter www.pdfdatabase.com heruntergeladen werden).

Meine emotionale Verbundenheit zu meinem Sohn hat mich auf einige unerwartete Wege gelenkt, die dazu führten, mit ihm nach seinem Tod zu kommunizieren und Einblicke in das Wesen des Jenseits zu bekommen. Jede Biegung stärkte meine Verbundenheit mit Galen. Zugegeben, was ich hier mit meinem Sohn mache, ist ungewöhnlich. Doch viele Eltern, deren Kinder ins Jenseits übergegangen sind, würden dasselbe tun, wenn sie die Gelegenheit dazu hätten. Ich war auf die Mühen vorbereitet, die die Kontaktaufnahme mit Galen nach seinem Tod mit sich bringt, da ich Anfang der 1970er Jahre als Volontär im damaligen Parapsychologie-Labor des Neuropsychiatrischen Instituts an der UCLA Trancemedien erforschte und mit ihnen zusammenarbeitete. Dann fiel mir im Januar 2007 – ein Jahr vor Galens Tod – der erste Artikel außerhalb von Fachzeitschriften in die Hände, der sich mit übersinnlichen Forschungen befasste, die die Kommunikation mit den Toten durch ein Medium ernsthaft untersuchten. Die Studie erhebt den Anspruch zu beweisen, dass bestimmte Individuen eine Gabe haben, die es ihnen ermöglicht, mit einer Informationsquelle zu kommunizieren, die korrekte Details über die Toten liefert.[2] Die Forscher geben zu, dass sich andere Erklärungen nicht ausschließen lassen, wie zum Beispiel etwas, das Super-ESP oder Super-PSI – eine andere Bezeichnung für Telepathie – genannt wird. Trotz des heutigen wissenschaftlichen Verständnisses der Quantenfeldtheorie oder des holografischen Universums wissen wir nicht, wie diese Art der Kommunikation funktioniert, und wir haben auch keinen Rahmen, innerhalb dessen wir sie vom Verstand her begreifen könnten.

Innerhalb von wenigen Tagen nach Galens Tod kommunizierte ich mit Suzy Ward und Terri Daniel[3], zwei Müttern, die mit ihren

---

2) J. Beischel und G. F. Schwartz: »Anomalous Information Reception by Research Mediums Demonstrated Using a Novel Triple Blind Protocol«, Explore 3, Nr. 1 (2007): 23-27.

3) Terri Daniel ist die Autorin von »A Swan in Heaven: Conversations Between Two Worlds und Embracing Death: A New Look at Grief, Gratitude and God.« Siehe http://www.SwanInHeaven.com

verstorbenen Söhnen in Kontakt standen. Wie sie mir mitteilten, war nicht nur die Kommunikation mit Galen möglich, sondern Galen hatte auch dieselbe Vereinbarung mit mir, die ihre Söhne mit ihnen hatten – nämlich aus ihrer Dimension klar und deutlich zu kommunizieren. Dieses neue Ziel beflügelte mich, die äußerst schwierige innere Arbeit anzugehen, die geleistet werden musste, um eine Brücke zu meinem Sohn zu bauen.

Mein Leben nach dem Leben entstand durch die Unterstützung sichtbarer und unsichtbarer Helfer. Ungefähr zwei Wochen nach Galens Tod, als deutlich wurde, dass er mit mir kommunizieren wollte, fing ich an, ein Journal zu schreiben. Falls ich dabei war, den Verstand zu verlieren, hielt ich es für das Beste, diesen Zustand solide zu dokumentieren. Tagsüber bewältigte ich meinen Berufsalltag als Arzt, doch nachts schrieb ich mehrere Stunden lang Ereignisse auf, die sich in meinem Innenleben entfalteten.

Nach zwei Jahren, in denen ich Hunderte von Seiten mit meinen Erfahrungen bei meinen »Trainingssitzungen«, wie ich sie nannte, gefüllt hatte, hatte ich einen dicken Wälzer, den keiner je lesen wird. Dann fragte mich Galen nach seinem zweiten Todestag, wie ich mit dem Buch vorankäme. Ich sagte ihm, dass noch eine Menge an meinem umfangreichen Journal geändert werden müsste, wenn jemals ein Buch daraus werden sollte, das irgendeiner lesen würde. Galen sagte, er sei an meinem Buch nicht interessiert, und erklärte: »Das ist *deine* Geschichte.« Galen wollte seine eigene Geschichte erzählen, und ich sollte sie für ihn aufschreiben.

Seitdem bin ich so aufmerksam wie ein Archivar, der in früheren Zeiten die Erinnerungen eines Zeitzeugen an ein Stück Geschichte aufschrieb, das sonst verloren gegangen wäre. Ich habe mir alle Mühe gegeben, die Intention, die ich in Galens Worten wahrgenommen habe, so getreu wie möglich wiederzugeben. Galen hat jedes Kapitel durchgesehen, und wenn er etwas geändert haben wollte, habe ich das getan. Alles, was ich hinzufügen wollte, findet sich am Ende eines jeden Kapitels in den »Anmerkungen des Herausgebers«.

Galen wollte seine Erfahrungen nach dem Tod frei von den Verzerrungen und Ausschmückungen schildern, die häufig auftreten, wenn Menschen ihre Kommunikation mit einer höheren Dimension niederschreiben. Es lässt sich nicht messen, wie gut er das hinbekommen hat; daher steht es dem Leser frei, alles, was in seinen Ohren falsch klingt, entweder zu akzeptieren oder zu ignorieren.

Unsere Wahrnehmung macht aus dem, was wir sehen, unsere Realität, und wir alle haben eine etwas unterschiedliche Wahrnehmung, wenn auch nur, weil wir alle von einer etwas anderen Perspektive aus Dinge wahrnehmen. Wir nehmen über jeden und alles um uns herum alles Mögliche an, doch viele dieser Annahmen sind Illusionen. Obwohl auf der Stufe der dritten Dimension eine generelle Konformität herrscht, hat Galen angedeutet, dass sich die Wahrnehmungen außerhalb dieser Dimension schnell ändern.

In seinem irdischen Leben hielt sich Galen vor allem für einen Wahrheitssuchenden, und das tut er immer noch. Daher habe ich mein Bestes gegeben, um seine Erfahrungen so wahrheitsgetreu wiederzugeben, wie sie mir überbracht wurden. Obwohl das, was er beschreibt, fantastisch ist, war ein Fantasy-Aspekt in dieser Geschichte nicht vorgesehen, auch wenn man sie als meine eigene Fantasie deuten könnte. Aber wenn sie, wie ich glaube, kein Fantasiegespinst ist, dann ist sie die bahnbrechende Dokumentation einer Reise, die ein Wesen mit uns teilt, um uns etwas Wichtiges mitzuteilen, das unsere Lebenserfahrung in unserer jetzigen Dimension bereichern wird.

Wäre Galen auf der Erde geblieben, wäre er nach vielen weiteren Jahren Ausbildung und Berufserfahrung wahrscheinlich Lehrer geworden. Aufgrund des beschleunigten Lernprozesses in seiner Dimension erfüllt er einen Teil dieser Aufgabe als Autor, auch wenn er nach irdischer Zeitrechnung erst neunzehn Jahre alt sein wird, wenn dieses Buch veröffentlicht wird.

Auf trauernde Eltern wird im Allgemeinen viel Rücksicht genommen – so viel, dass das Buch vielleicht als lächerlich betrachtet würde, hätte ich einen Roman über das geschrieben, was mein Sohn womöglich in einer imaginären Realität tut. Doch es würde zumindest den akzeptablen Normen entsprechen und höflich toleriert werden, ohne große Wellen zu schlagen. Es überschreitet jedoch viele Grenzen, wenn man andeutet, dass es sich nicht um ein fiktives Werk handelt. Wie man sagt, ist es zwar in Ordnung, mit den Toten zu reden, aber man hat ein echtes Problem, wenn man glaubt, sie würden einem antworten. Ich bitte daher den Leser, seine Ungläubigkeit genügend außer Kraft zu setzen, um in Erwägung zu ziehen, dass zwischen unserer Welt und einer anderen Welt Brücken errichtet wurden, so dass dieses Buch entstehen konnte.

Bei der Trauerfeier sprach der Mathematiklehrer meines Sohns über Galens Versuch, ihn davon zu überzeugen, dass Mathematik nicht real sei. Zuerst dachte ich, wie typisch es doch für Galen war, eine philosophische Diskussion anzuregen, damit er seine Algebraaufgaben nicht zu machen brauchte. Denn warum sollte man sich die Mühe machen, die ganzen komplexen Strukturen und Formeln zu lernen, wenn Mathematik nur ein geistiges Konstrukt ohne reale Grundlage ist? Als ich mir vor dreißig Jahren hinsichtlich des Medizinstudiums Gedanken über dasselbe Dilemma machte, hatte ich meinen Mentor gefragt: »Wenn Krankheit nur eine Illusion ist, warum sich dann die Mühe machen, Krankheiten so detailliert zu studieren?« Mein Mentor sagte, dass – auch wenn es richtig sei, Krankheit als Illusion anzusehen – sie für die Betroffenen ganz real sei. Auf ähnliche Weise waren die Ereignisse, die in diesem Buch berichtet werden, real für mich – allzu real.

Tatsächlich mache ich mir weniger Sorgen darum, ob die Leser es glauben oder nicht, als vielmehr um die Menschen mit geringen Fähigkeiten, Probleme zu lösen. Ich mache mir Sorgen um die Menschen, die es glauben und Selbstmord für eine echte Alternative halten, um woanders einen Neustart zu versuchen. Hinsichtlich dieses Irrtums macht Galen deutlich, dass Suizid einen Neustart bietet, bei dem man sehr lange in einem sehr unangenehmen Schwebezustand verbringt!

Letztendlich ist es unwesentlich, ob die Leser an den Wahrheitsgehalt dieses Buchs glauben oder meinen Sohn für einen fiktiven Protagonisten halten, sondern vielmehr, ob die Geschichte an sich ein breiteres Verständnis der Gesetze und Wahrheiten des Universums fördert. Die Schilderungen meines Sohns stehen für sich, selbst wenn sie als frei erfunden angesehen werden, da letztendlich das Herz Weisheit erkennt – egal ob sie aus einem Märchen oder aus einem Lexikon stammt.

Galens Wille ist, dass dieses Buch das erste von vielen Büchern einer Anthologie wird, die er die *Death-Walker-Serie* nennt. Da ich die Serie als Chronik der jetzigen Existenz meines Sohns und als Archiv uralter Weisheiten betrachte, werde ich alles tun, was in meiner Macht steht, um sie real werden zu lassen.

Anmerkung des Herausgebers

Es wäre frivol von mir zu versuchen, dem Leser zu verschweigen, dass solche Überlegungen nicht nur äußerst unpopulär sind, sondern sogar den verworrenen Fantasien, die den Verstand der Weltreformer und anderer Deuter von »Zeichen und Omen« vernebeln, gefährlich nahe kommen. Doch dieses Risiko muss ich eingehen, selbst wenn das bedeutet, meinen hart verdienten Ruf der Wahrhaftigkeit, Zuverlässigkeit und Fähigkeit, ein wissenschaftliches Urteil zu fällen, zu gefährden. Ich kann meinen Lesern versichern, dass mir dabei nicht leicht ums Herz ist.

— C. G. JUNG —
»Flying Saucers: A Modern Myth of Things Seen in the Skies«

Hinter den Kulissen des Lebens eines normalen Menschen finden oft außergewöhnliche Ereignisse statt. Auf der Erde zu leben bedeutet auch, dass wir sterben werden, was ein äußerst schlechtes Ende zu sein scheint. Eine Methode, wie wir mit dem Stress umgehen können, der durch diese fatale Tatsache hervorgerufen wird, ist, einander Geschichten über ein Leben nach dem Tod zu erzählen. Doch diese Geschichte ist nicht meine eigene – es ist Galens Geschichte, die er aus seinem Leben nach seinem verfrühten Tod im Alter von sechzehn Jahren erzählt.

Galens Ableben ließ mich schockiert und verwirrt zurück. Er war auf der Stelle tot, als sein Auto an einer schrankenlosen Bahnüberfahrt von einem Zug erfasst wurde und 500 Meter weit weggeschleudert wurde. Wie mir gesagt wurde, hatte er außer einem gebrochenen Bein und einem gebrochenen Halswirbel keine Verletzungen. Ich konnte zwar nicht begreifen, wie sein Körper so unverletzt hatte bleiben können, doch zum Glück musste ich mir über die letzten Momente seines Lebens keine weiteren grauenvollen Gedanken machen.

Prolog

Der seltsamste Traum, den ich je hatte

Als der Wind zu stark wurde, um Paintball zu spielen, machte ich mich auf den Weg zum Highway, um zum Haus meiner Mutter zurückzufahren, das ungefähr eine Dreiviertelstunde Autofahrt entfernt war. Mein iPod diente zwar als gute Hintergrundmusik für die Heimfahrt, aber ich hatte das Gefühl, als wäre irgendetwas in meiner Welt aus dem Lot geraten. Vielleicht war ich am Abend davor zu lange aufgeblieben oder hatte was Falsches gegessen. Was immer es auch war, irgendetwas fühlte sich komisch an.

Ich fuhr die vertraute Strecke auf der I-25, die sich bei Santa Fe eine Weile in Richtung Südosten entlang des südlichen Endes der Sangre de Cristo Mountains schlängelt. Von dort aus wollte ich die Ausfahrt direkt hinter Pecos nehmen, auf einer Seitenstraße zurückfahren, einen Bahngleis überqueren und dann würde ich zu Hause sein.

Auf dieser vertrauten Strecke des Highway dachte ich ein paar Minuten lang, meine Sinne würden mich austricksen, wie wenn man die spezielle Brille abnimmt, die man in einem 3-D-Kino ausgehändigt bekommt. Ich sah zwar nicht doppelt und konnte auch klar sehen, aber meine Sicht war irgendwie verzerrt. Auch das Brummen des Motors, das Pfeifen des Windes und das Rumpeln der Reifen klang irgendwie abgeschnitten, so als würden die Geräusche von irgendwo anders herkommen als sonst.

Ich war froh, als ich endlich zu meiner Ausfahrt kam, doch dann fing mein iPod an zu spinnen; das Schlagzeug blieb plötzlich zwei Takte hinter der restlichen Musik zurück. Als ich vor dem Bahngleis anhielt, dachte ich, dass es wahrscheinlich Windstöße waren, die zu viele positive Ionen in der Luft verursachten, die meine komischen Wahrnehmungen auslösten. Ich machte für einen Moment die Augen zu, als ich tanzende Lichter sah und fremde Geräusche hörte. Ich spürte, dass sich mein Körper bewegte, aber ich fühlte mich beschützt. Dann hörte ich plötzlich das Geräusch von Metall, gefolgt von einer unheimlichen Stille und absoluter Dunkelheit. Irgendwann waren die Lichter und Geräusche wieder da, aber sie wirkten unreal. Ich hörte, wie jemand immer wieder meinen Namen sagte, aber was sonst noch gesagt wurde und wer es sagte, schien unwichtig zu sein. Zwischen den Stimmen hörte ich ein leises Klingeln, das die Stimmen in einen kristallklaren Klang umwandelte. Dann hörte ich einen hellen, klaren Glockenton in der Ferne, der wie ein Kristallglas klang, wenn man mit dem Finger über den Glasrand fährt.

Ich blickte in die Richtung, aus der der Glockenklang kam, und sah eine Gestalt, die wie eine zweite Version von mir selbst wirkte, neben mir stehen. Doch dieses andere Selbst war viel größer als ich; es war weit über zwei Meter groß und hatte etwas Leuchtendes.

Er fragte: »Also – was willst du machen?«

Dieses andere Selbst strahlte eine Eigenschaft aus, die die Essenz aller Menschen, die ich in meinem Leben jemals geliebt habe, zu vereinen schien. Daher wusste ich, dass ich dieser Version von mir zum Glockenklang folgen wollte. Aber er schien meine Antwort schon zu kennen, ohne dass ich sie ausgesprochen hätte, drückte mir einen kleinen Silberbecher in die rechte Hand und schloss meine Finger darüber. In diesem Moment wurde die Glocke lauter und die anderen Geräusche verstummten. Als ich nur noch den klaren Glockenklang hören konnte, ging ich Hand in Hand mit mir selbst friedlich weiter.

Während wir einen Weg entlanggingen, nahm ich meine Umgebung deutlicher wahr. Die Landschaft war mir vertraut – sanfte Hügel, die mit kleinen Kiefern, Wacholderbüschen und struppigem Salbei betupft waren, und Berge im Hintergrund. Doch irgendetwas war anders als sonst. Es war, als würde ich durch ein View-Master-Gerät schauen, mit dem man sich mit einer Art Plastikfernglas, das von hinten beleuchtete 3-D-Bilder produziert, doppelte Dias ansehen kann. Das Licht um mich herum schien von hinten angestrahlt zu werden, und die Bäume und Pflanzen projizierten kleine leuchtende Akzente, so als würden feine Glasfasern in ihrem Inneren Licht aussenden.

Die Tatsache, dass ich von diesem scheinbaren Traum gar nicht mehr aufwachte, machte mich neugierig darauf herauszufinden, an welchem Ort ich mich eigentlich befand. Doch je mehr mein Verstand mir mögliche Erklärungen lieferte, umso weniger fokussiert wurde meine Umgebung, was mich beunruhigte. Möglichst unauffällig musterte ich die andere Version meiner selbst und versuchte, die Tatsache zu begreifen, dass ich einen Zwillingsbruder hatte, den man mir bisher immer vorenthalten hatte. Ich wollte eine der Pflanzen in meiner Nähe berühren, um zu sehen, wie real sie war, aber ich wollte auch seine Hand nicht loslassen.

Kapitel 1

Die Stühle

Hand in Hand kamen ich und mein Zwilling auf eine Wiese, auf der zwei Stühle einander gegenüberstanden, die zum Verweilen einluden. Mein Zwilling streckte die linke Hand nach meiner Rechten aus, die immer noch den kleinen Silberbecher umklammerte, und wies mich sanft an, die Hand zu öffnen, während er mir den kleinen Becher präsentierte, als sei es eine Trophäe. Dann gab er mir den Becher zurück, wobei ich bemerkte, wie lang seine Finger waren. Er fragte: »Kannst du dich an heute erinnern?«

Das ist eine sehr ungewöhnliche Frage für einen Traum, dachte ich im Stillen. *Konnte ich mich an heute erinnern?* Ich wusste noch, dass ich an diesem Samstagmorgen, dem 1. Dezember, im Haus eines Freundes aus meiner Jugendtheatergruppe in Santa Fe, New Mexico, aufgewacht war. Ich hatte die Doppelrolle des Fagin und des Bill Sikes für die Aufführung von *Oliver!*, die für nächsten Monat geplant war, einstudiert. Nach zwei Jahren hatte ich das Privileg bekommen, nicht nur die Hauptrolle zu spielen, sondern auch noch die Rolle einer zweiten Hauptfigur zu übernehmen. Mein Freund und ich wollten bei gutem Wetter später am selben Tag Paintball spielen, aber zuerst sollte ich mit meiner Großmutter Essen gehen.

Meine Großmutter war in den letzten zehn Jahren – seit wir von Los Angeles nach Südkalifornien gezogen waren – an jedem Erntedankfest zu uns gekommen, um uns für ein paar Wochen zu besuchen. Sie wohnte dann im Haus meines Vaters, wo ich seit der Scheidung meiner Eltern vor zehn Jahren jede zweite Woche lebte. Gewöhnlich verbrachte ich die Hälfte der Zeit bei meiner Mutter in Rowe, einer kleinen Gemeinde nahe Pecos, und wohnte die andere Hälfte bei meinem Vater in Santa Fe, aber wenn Großmutter zu Besuch war, verbrachte ich mehr Zeit dort. In diesem Jahr war es jedoch anders. Ich war im Juni aus dem Haus meines Vaters ausgezogen, nachdem seine Freundin und deren fünfjährige Tochter bei uns eingezogen waren. Das war absolut nicht mein Ding. Ich war so wütend auf ihn, weil er das getan hatte, dass ich nicht mehr mit ihm redete, auch wenn er mir alle paar Tage eine SMS schickte.

Am 1. Dezember wollte ich mich um halb eins mit Großmutter im Zia Diner in der Nähe des Zentrums dieser Stadt aus Lehm, die gut 2.000 Meter über dem Meeresspiegel liegt, treffen. Doch während ich zum Restaurant fuhr, fühlte sich irgendetwas seltsam an, auch wenn ich es nicht näher benennen konnte. Das Auto – ein weißer Honda-Kombi – fuhr ganz normal, und daher schüttelte ich das Gefühl ab und parkte hinter dem Restaurant.

Bei meiner Ankunft war Großmutter schon da. Als wir uns umarmten, wurde mir bewusst, dass ich jetzt viel größer war als die sanfte, liebevolle Frau, zu der ich mein ganzes Leben lang aufgesehen hatte. Ich hatte Hunger, da ich nicht gefrühstückt hatte, und so bestellte ich eine Käsepizza ohne Sauce und einen Softdrink.

Während wir aufs Essen warteten, gab Großmutter mir eine Tüte voller Geschenke, die sie mitgebracht hatte, da sie nicht wusste, ob wir uns in diesem Monat noch mal sehen würden. Ich holte ein Geschenk nach dem anderen aus der Tüte, aber als Erstes machte ich den Umschlag mit ihrer Weihnachtskarte auf, der zu meiner Riesenfreude 200 Dollar enthielt. Ich sagte ihr, dass ich mir von dem Geld eine Jacke kaufen würde. Es war auch ein Geschenk von meinem Dad dabei, ein cooler durchsichtiger, orangefarbener Wasserkanister, der mit allen möglichen Sicherheitssachen fürs Auto gefüllt war, dazu eine LED-Taschenlampe und das

Aquarell *Okami Lone Wolf*, das ich ihm vor einiger Zeit als Bildschirmschoner auf dem PC installiert hatte, als gerahmtes Bild.

Dann bat Großmutter mich, mich wieder mit meinem Vater zu versöhnen, der in einem Shoppingcenter in der Nähe wartete, falls ich heute dazu bereit wäre. Als ich das hörte, stand ich auf, ohne die Pizza aufgegessen zu haben, und sagte, ich müsse einem Musiker helfen, ein Klavier zu transportieren. In Wahrheit war der Klavierumzug eine geplante Paintball-Schlacht, aber meine Großmutter sollte denken, ich hätte etwas Sinnvolles vor. Ich sagte ihr, sie solle den Rest meiner Pizza an Sprout, den Hund meines Vaters, verfüttern, der total scharf auf Pizza ist, doch sie bestand darauf, dass ich die Pizza mitnahm.

Als wir das Restaurant verließen, bat sie mich um etwas, um das sie mich noch nie gebeten hat – mich auf die Wange küssen zu dürfen –, und so bückte ich mich und bekam einen Kuss von ihr.

Ich hielt für einen Moment inne und sah zu meinem Zwilling hoch. Ich konnte mich an nichts anderes mehr erinnern, was nach dem Kuss meiner Großmutter passiert war, und der Gedächtnisschwund verwirrte mich total.

»Das macht nichts«, sagte mein Zwilling, »aber halte dir jedes Mal, wenn du dich an etwas erinnerst, diesen Becher vor Augen. Er wird dir helfen, dich zu erinnern und zu begreifen, wo du bist.«

Während ich mich an die Ereignisse erinnert hatte, hatte der Silberbecher in meiner Hand vibriert und schien langsam immer schwerer zu werden.[4] Ich nahm all meinen Mut zusammen und fragte ihn: »Wo bin ich denn?«

»Dein irdischer Körper ist gestorben und du bist jetzt in einer anderen Dimension. Es braucht eine Weile, bis der Verstand das Vertraute loslässt«, sagte er nüchtern.

---

4) Beim Eintreten in die irdische Dimension wird jedem Neugeborenen eine Silberschnur übergeben, und der Silberbecher, der alle Erfahrungen des betroffenen Menschen enthält, ist aus dieser Schnur gemacht, wie ich später erfuhr.

»Ist das hier der Himmel?«

»Ja, wenn du es willst«, antwortete er.

Über diese Neuigkeit war ich nicht sonderlich glücklich. Ich machte mir sofort Sorgen, wie sie auf meine Eltern und meine Großmutter wirken würde.

Ich setzte mich eine Weile auf den Stuhl und hatte keine Ahnung, was ich als Nächstes tun oder glauben sollte. Der Versuch zu begreifen, wie es sein konnte, dass ich im Himmel war, verwirrte mich, weil ich mich kein bisschen tot fühlte. Aus dem Augenwinkel betrachtet sah der Stuhl gegenüber leer aus, aber wenn ich ihn direkt ansah, saß mein Zwilling auf dem Stuhl.

Ich schwebte aus diesem surrealen Raum hinaus und wieder hinein und bemühte mich, so gut ich konnte, meine Wahrnehmungen anzupassen, so wie man einen Radioknopf dreht, um das perfekte Signal zu finden und die Statik zu minimieren. Ich war mitten in der Natur, doch wenn ich den Fokus von ihr abwandte, war nichts um mich herum. Wenn ich mich emotional auf die Gegenwart konzentrierte, konnte ich sehen, was vor mir war. Wenn ich jedoch den Fokus wieder auf meine Gedanken richtete, war nichts mehr vor mir; dann rührte sich kein Lufthauch um mich herum und nichts fühlte sich lebendig an. Wenn ich meine Aufmerksamkeit wieder auf meine Umgebung richtete, war sie wieder da. Das war ganz anders als auf der Erde, wo die Umwelt immer so gegenwärtig ist, dass man sie manchmal am liebsten ausschließen würde. Hier war ich ein Glied in der Kette meiner eigenen Wahrnehmungen! Wenn ich an meiner Umgebung teilhaben wollte, musste ich meine emotionale Verbindung zu ihr erweitern.

Ich wünschte mir sehnsüchtig, zurück auf der Erde und vor allem bei meinem Vater zu sein. Ich wollte absolut nicht an diesem Ort sein. Aber wie sich herausstellte, war diese Unruhe das einzig Unangenehme, das ich spürte, und einen Augenblick später war es schon wieder vorbei.

»Halte den Becher hoch, wenn du eine Frage hast«, sagte mein Begleiter.

Ich hielt den Becher hoch. »Warum fühle ich mich so geschwächt?«

»Du bist noch nicht mit der Ganzheit um dich herum verbunden«, antwortete er.

Ich schien zu wissen, was das bedeutete, weil ich schon herausgefunden hatte, wie ich mich nach außen projizieren und mit dem, was vor mir lag, verbinden konnte. Wenn ich das gut genug hinbekam, würde ich nicht nur Dinge visuell wahrnehmen, sondern auch genährt werden. Diese Verbindung fühlte sich gut an, und ich brauchte nur dem Gefühl zu folgen, ohne zu viel darüber nachzudenken.

»Ich bin also tot«, stellte ich fest. Es war keine echte Frage.

Er erwiderte ironisch: »Wie kannst du tot sein, wenn du mit mir sprichst?«

»*Tot* – du weißt schon!«, sagte ich und merkte, dass fast alle meine Fragen mit Gegenfragen beantwortet wurden, und während etwas Vertrautes und irgendwie Beruhigendes daran war, war es auch sehr frustrierend. »Natürlich wirst du mir jetzt sagen, ich sei gar nicht tot, sondern würde nur in einer anderen Dimension existieren«, sagte ich.

»Es stimmt, dass der Körper, der dir vertraut war, nicht mehr existiert. Wenn du willst, kannst du dich tot nennen, aber in Wirklichkeit bist du niemals tot«, gab er zurück.

»Also gut, wenn das hier der Himmel ist, wo sind dann die vielen Hunde?« Hunde waren immer ein wichtiger Teil meines irdischen Lebens gewesen, und ich befand mich im zweiten Jahr meiner Ausbildung als Trainer von Assistenzhunden für Menschen mit Behinderungen. Deshalb ging ich davon aus, dass für mich der Himmel ein Ort mit Hunden sei.

Dann hörte ich Hundegebell. Als hätten sich tausend Zwingertüren geöffnet, war die Wiese, auf der wir saßen, plötzlich voller hechelnder, bellender und wedelnder Hunde.

Ich lachte vor Freude, doch mein Lachen erinnerte mich daran, dass ich mit meinem irdischen Leben sehr zufrieden gewesen war und froh wäre, es fortsetzen zu können. Ich verstand nicht, warum ich gestorben war, und fragte: »Wie ist es überhaupt passiert?«

Mein Begleiter erzählte mir von dem Zug, der mich erfasst hatte.

Mir war noch nicht bewusst, dass die Zeit in der Dimension, in der ich mich nun befand, ganz anders tickt und dass Ereignisse hier stattfinden, wenn der richtige Zeitpunkt für sie gekommen ist, statt sich nach Uhren oder Kalendern zu richten. Ich hatte daher keine Ahnung, dass seit dem Unfall auf der Erde erst sechs Stunden vergangen waren, bis mein Zwilling sagte: »Dein Vater weiß, wo du bist, und fragt dich, ob es dir gut geht.«

»Es geht mir gut und ich vermisse dich«, sagte ich. Die Bestätigung war direkt an meinen Vater gerichtet, auch wenn es mich ein bisschen nervte, meine Aufmerksamkeit wieder auf Ereignisse richten zu müssen, die sich auf der Erde zugetragen hatten.

»Er will wissen, was du hier machst«, berichtete mein Zwilling.

Nach meiner Zeit fand der Großteil dieser Unterhaltung erst Monate später statt. Die Zeit verläuft hier eher spiralförmig als linear, und ich durfte an diesem Gespräch erst dann vollständig teilnehmen, als ich dafür bereit war. Im Gegensatz zur linearen Zeit in der dritten Dimension hat die Zeit im Universum einen emotionalen Aspekt. Hier geschehen die Dinge dann, wenn es am besten passt.

»Er wollte immer das Beste für dich, und wenn das hier das Beste für dich ist, dann wird er irgendwie damit umgehen«, fuhr mein Zwilling fort.

Der Schmerz meines Vaters und die intensiven Gefühle anderer waren mir vollkommen bewusst. Aber gleichzeitig wurde ich vor den Gefühlen von Trauer und Verzweiflung geschützt, die mein Tod verursachte und die von Traurigkeit bis an die Grenzen des Wahns reichten.

»Sei nicht sauer auf meine Mutter«, sagte ich. Damals verstand mein Vater diese Bitte nicht.

»Dein Vater fragt: ›Was sollen wir denn jetzt machen?‹«, berichtete mein Zwilling.

»Es gibt nichts, was du für mich auf Erden tun musst«, antwortete ich, ohne die ganze Bedeutung seiner Frage zu verstehen. Ich wandte meine Aufmerksamkeit meinem anderen Selbst zu.

»Du bist mein eineiiger Zwillingsbruder, stimmt's?«

»Ich kann gar nicht dein Zwillingsbruder sein, weil ich so viel besser aussehe als du!«

Als Antwort auf seine geistreiche Bemerkung warf ich ihm einen spöttischen Blick zu, woraufhin er sagte: »Ich bin ein Aspekt von dir und der Seelenfamilie, zu der du gehörst. Ich stand neben dir, noch bevor du deinen ersten Atemzug auf Erden gemacht hast, so wie ich jetzt neben dir stehe, um dir beizubringen, wie man sich hier entfalten kann. Ich bin dein Lehrmeister und der Lehrmeister deines Vaters.«

Meine erste sogenannte Lektion war, dass es zwischen mir und meiner Umgebung keine Trennung gab. Durch Projektion konnte ich meine Umgebung stimulieren, mir zu zeigen, wo ich mich befand. Dann lernte ich, was es heißt, in dieser Dimension zuzuhören. Beim Zuhören geht es nicht darum, nur die Worte zu hören, die gesprochen werden. Es geht auch darum, die vielen Schichten des Willens und der Gefühle, die dahinterstecken, bewusst zu erkennen.

Als Nächstes lernte ich, wie man liebt und vertraut, denn ohne Liebe und Vertrauen konnte ich meine Umwelt nicht einbinden. Auch wenn das Miteinander mit der Umwelt auf der Erde anders funktioniert, kann man kein echter Mensch sein, bevor man gelernt hat zu lieben.

Es schien ewig zu dauern, bis ich vollkommen darauf vorbereitet war, meine neue Umgebung einzubinden. An diesem Punkt bat mein Lehrmeister mich aufzustehen und überreichte mir eine wunderschöne Silberkette, an der sich der Becher festmachen ließ. Ich legte sie mir um den Hals, und der kleine Becher hing nahe an meinem Herzen.

· ◆ ·

Anmerkung des Herausgebers:
An dem Abend, an dem Galen starb, war ich mit meiner Mutter aus Santa Fe weggefahren, um an einem Wohltätigkeitsdiner in Albuquerque teilzunehmen. Am frühen Abend – mehr als drei Stunden nach dem Essen – rief mich die Bundespolizei an und informierte mich über den Unfall, während wir auf dem Highway fuhren und gerade zur ersten Ausfahrt von Albuquerque kamen. Der Erste, den ich anrief, war der Schauspieler Adam Baldwin, da er, seine Frau Ami und ihre Kinder seit Jahren mit Galen und mir gut befreundet waren. Ami dirigierte mich buchstäblich beim Telefonieren nach Santa Fe zurück, da meine Mutter und ich einen Schock erlitten hatten.

Mehrere Jahre zuvor hatte ich eng mit einem Trancemedium zusammengearbeitet, das die Gabe hatte, Verbindung zum Jenseits aufzunehmen, [5] und durch diese Frau nahm ich am Abend des Unfalls Kontakt zu Galen auf. Es dauerte über zwei Jahre, bevor ich begriff, dass diese ergreifende – und damals auch sehr verwirrende – Unterhaltung mit meinem Sohn für ihn zu verschiedenen Zeitpunkten universaler Zeitrechnung stattfand, da sie sich für mich an einem bestimmten Zeitpunkt in seinem Zimmer, das er seit sechs Monaten nicht mehr betreten hatte, ereignete. Ich war allein in seinem Zimmer und presste mir weinend den Hörer ans Ohr, während

---

[5] Zehn Jahre davor hatte ich neun Monate lang die Geistführer interviewt, die durch das Trancemedium Audrey Wrinkles erschienen waren, und war von der Echtheit der Informationen überzeugt worden. Ihr Wissen über medizinische Dinge ging weit über alles hinaus, was ich bisher erfahren hatte. Doch erst als mein Vater im Jahr 1999 starb, fand ich heraus, dass ihre Führer an Problemen arbeiten können, die manche Menschen beim Übergang ins Jenseits haben. Wie meine Mutter mir erzählt hatte, war mein Vater in ihrem Haus stecken geblieben und spukte dort herum. Audreys Führer führten mich durch eine Visualisierung – mangels eines besseren Begriffs – hindurch, bei der ich den verwirrten Anteil der Persona meines Vaters ansprechen konnte und es ihm ermöglichte, diejenigen, die ihm über die Schwelle helfen konnten, zu erkennen.

ich mit einer Frau in Trance telefonierte, deren Körper von ihren interdimensionalen Geistführern benutzt wurde, um sich mit meinem Sohn zu verbinden, den ich nie wiedersehen würde und der in Rätseln zu mir sprach. Ich konnte nicht begreifen, warum das Ganze hatte passieren müssen, obwohl mir auch klar war, dass es keine Zufälle gibt und dass ich diesen Übergang mittragen müsste. Das waren meine Gedanken. Mein Gefühl war, dass meine Welt untergegangen war und mein Leben keinen Sinn mehr hatte.

Als das Gespräch beendet war, schwor ich mir im Stillen, entweder selbst mit Galen in seiner Dimension zu sprechen oder es zumindest bis zu meinem Tod zu versuchen. Zum ersten Mal im Leben nahm ich ein starkes Beruhigungsmittel, und als ich im Bett lag, fing es an zu wirken. Nur halb bewusst, dass Galens Handy wahrscheinlich in irgendeiner Plastiktüte oder auf dem Boden des Unfallwagens lag, nahm ich mein Handy und schickte ihm eine letzte SMS: »Ich liebe dich, Galen.«

Kapitel 2

Matthews Botschaft

Auch wenn ich nicht sicher war, was ich als Nächstes tun oder wohin ich gehen sollte, war ich froh zu wissen, dass ich wenigstens einen Lehrmeister hatte, der wie mein größerer eineiiger Zwilling aussah. Ich war auch froh, das Gefühl zu haben, ein Teil des Ganzen um mich herum zu sein. Wie ich schon bald merkte, konnte ich auch Hunde herbeirufen. Das begeisterte mich, da Hunde im irdischen Leben zu meinen größten Freuden gezählt hatten. Doch sie waren alle nur Fantasiegespinste – außer einem echten Hund, den ich adoptierte oder der mich adoptierte. Auf der Erde war er ein schwarzer Labrador mit einer weißen Brust gewesen. Er sagte mir, dass er Andrew hieß. Auf Erden war er ein Such- und Rettungshund gewesen, und daher war er gut darin, trauernden Menschen Freude zu bereiten und die Toten und die subtilen Energien, die noch an einem Körper hingen, zu erkennen. Ich fand bald heraus, dass Andy bei der Suche nach Überlebenden in einem eingefallenen Gebäude sein irdisches Leben verloren hatte. Als er einen Menschen aufspürte, der unter ihm im Geröll eingeklemmt war, glitt er aus und fiel zwischen die Mauerreste, die über ihm einstürzten. Zuerst nannte ich ihn nur »Hund«, doch er bestand darauf, ihn bei seinem Namen zu nennen. Daher nannte ich ihn kurzerhand »Andy«.

Andy erinnerte mich ein bisschen an den letzten Hund, bei dessen Training ich Assistance Dogs of the West geholfen hatte.

Es war ein schwarzer Labrador namens Doc gewesen. Ich hatte gespürt, dass Doc einem Kriegsverwundeten, der aus dem Irak zurückgekommen war, zugewiesen werden würde, und deshalb brachte ich ihm bei, auf Kommando zu salutieren, was praktisch war, wenn er tatsächlich einem Kriegsverwundeten zugeteilt würde. Im Gegensatz zu Doc ließ Andy mich üben, wie ich meine Fantasiebilder auf ihn projizieren konnte, so dass ich sein Äußeres den Hunden, die ich früher gekannt hatte, anpassen konnte. Es war sehr tröstlich, Hunde in meiner Nähe zu haben, die den Hunden ähnelten, dir mir auf Erden nahegestanden hatten.

Später fand ich heraus, dass die anfängliche Bewusstseinsebene, die man hier erlebt, von der Reifestufe der Seele plus/minus den Erfahrungen und Überzeugungen der Persönlichkeit abhängt und dass es noch viele Ebenen unter und über meiner Ebene gibt. Andys Bewusstsein schien so weit entwickelt, wie es einem Hund nur möglich ist, und war auf derselben Ebene wie meines. Im Grunde schien alles auf derselben Erfahrungsebene zu sein, bis ich mich genug eingelebt hatte, um mit der Komplexität der anderen Ebenen umgehen zu können. Es vereinfachte alles, so wie ein kleines Kind mit dicker Kreide malt, weil es sie leichter festhalten kann.

Irgendwann verließ ich die Wiese und begann, von Andy begleitet, in dieser neuen Welt umherzuwandern. Zuerst kam ich durch Landschaften, die vertraut wirkten und mit denen ich bequem interagieren konnte, wie beispielsweise Hochebenen in der Wüste und Grasebenen. Ich verbrachte viel Zeit damit, durch das Bandelier National Monument zu streifen, so wie es mir noch im Gedächtnis war: mit seinen vielen altertümlichen Quartieren der Pueblo-Indianer, die einst von ganzen Familien bewohnt worden waren. Das erinnerte mich an meine Sehnsucht, Verbindung zu meiner eigenen Familie aufzunehmen. Immer wenn ich über meine irdischen Erlebnisse nachdachte, fing mein Becher an zu vibrieren. Wenn ich meinen Lehrmeister etwas fragen wollte, brauchte ich mich nur auf ihn zu konzentrieren und schon war er da. Er sah immer noch aus wie mein größeres Zwillingsselbst, weil man sich in dieser Dimension leichter selbst sehen kann, und ich erforschte immer noch die einfache Ebene – sozusagen ›Himmel für Anfänger‹ –, auf der alles simpel gehalten war.

Nachdem ich mich ein wenig an diese Ebene gewöhnt hatte, wurde ich neugierig, was während meines Übergangs eigentlich geschehen war. Ich fragte meinen Lehrmeister: »Ich habe Schilderungen über das, was beim Sterben passiert, gelesen. Was ist denn aus dem Lichttunnel geworden, und warum wurde ich nicht von meinen Lieben in Empfang genommen?«

»Diese Erfahrung ist auf manchen Bewusstseinsebenen wahr und brennt sich Menschen mit einem Nahtoderlebnis häufig ins Gedächtnis. Allem, was in diesem Moment passiert, wird eine Form gegeben, damit sich der Verstand später an Schönheit, Licht und Liebe erinnert«, erklärte mein Lehrmeister.

Der Tag wurde zur Nacht und die Nacht wurde zum Tag. Ich fühlte die Wärme der Sonne und verbrachte viele besinnliche Stunden unter einem funkelnden Sternendach. Nachts machte ich zwar die Augen zu, aber ich schlief nicht wirklich ein und träumte auch nicht richtig, so wie es auf Erden ist, wenn der bewusste Verstand wie Ebbe wegdriftet und der unbewusste Verstand wie Flut überhand nimmt. Stattdessen blieb ich die ganze Zeit über bei vollem Bewusstsein und öffnete immer mal wieder die Augen, um nachzusehen, ob Andy noch neben mir schlief. Das tat er auch. Ich musste wissen, dass er da war, ich musste die Wärme seines Körpers spüren, sein Fell berühren und seinen Atem fühlen können. Er liebte unser Spiel, in dem er sich in andere Hundegestalten verwandelte, und so fand ich manchmal einen Beagle statt eines schwarzen Labradors vor.

Ich fing nun an, meine Umgebung durch Interaktion zu verwandeln, so wie ich es schon mit Andy gemacht hatte. Ich schuf eine Szene, die dem *Krieg der Sterne* glich, und eine Landschaft, die an Dr. Seuss erinnerte, durch die ich mich hindurchbewegte. Es war, als würde man CGI ohne Computer spielen, da alles meiner eigenen Fantasie entstammte.

Aus dieser Ruheposition heraus machte ich mir Gedanken darüber, was ich in dieser neuen Dimension machen wollte. Als Erstes wollte ich die Gesetze und Wahrheiten des Universums verstehen, die viel wichtiger sind, als ich auf Erden gedacht hatte. In gewisser Weise wollte ich einen Weg zum höheren Lernen beschreiten, aber gleichzeitig wollte ich auch direkt mit meinem Vater kommunizieren.

Seit meinem Tod waren zehn Tage nach linearer irdischer Zeitrechnung vergangen – was ich erst später erfuhr – und ich war allein mit Andy. Wir gingen einen verlassenen Strand entlang, während die Meereswellen sich am Sand brachen und eine salzige Gischt aufwarfen. In all meinen Reisen hatte ich bisher noch keine Stadt, kein Auto und keine einzige Seele außer Andy gesehen, und so überraschte es mich, als ich in der Ferne am Strand eine männliche Gestalt sah, die sich näherte. Ich hatte meinen Lehrmeister noch nie aus der Ferne auf mich zukommen sehen; er tauchte immer an meiner Seite auf, wenn ich ihn rief. Und dieser Mann entstammte auch nicht meiner Fantasie, da sein zielstrebiger Gang andeutete, dass er etwas vorhatte, was außerhalb meiner Kontrolle lag.

Schon bald stand ein blonder junger Mann mit einem freundlichen Gesicht vor mir. Sein Körper war in ein schimmerndes Licht getaucht – was durch subtile Veränderungen der Dimensionen entsteht, wie ich später herausfand –, ganz ähnlich des Eindrucks, den ich gehabt hatte, als ich auf die Stühle zugegangen war. Er stellte sich als Matthew vor, doch ich sagte: »Ich glaube, ich weiß nicht, wer du bist.«

»Ich weiß aber, wer *du* bist«, erwiderte Matthew.

Das Rauschen der Wellen am Strand verstummte, und die ganze Welt um uns herum schien den Atem anzuhalten. Ich rief rasch meinen Lehrmeister herbei, damit er mir erklären sollte, wer das war.

»Das ist Matthew Ward, der durch eine Verbindung zwischen deinem Vater und seiner Mutter zu dir gekommen ist, weil seine Mutter denselben Heilungsprozess durchläuft, den auch dein

Vater jetzt durchmachen muss. Sie hat schon die Fähigkeit entwickelt, mit ihrem Sohn zu kommunizieren«, sagte mein Lehrmeister. »Jemand hat ein Bedürfnis und eine Bitte.«

»Ach, *der* Matthew!«, rief ich aus. Ich erinnerte mich an einen Jungen – der jetzt ein junger Mann wäre –, der 1980 mit siebzehn einen tödlichen Autounfall gehabt hatte; er war also nicht viel älter gewesen als ich. Mein Vater hatte mich oft mit irgendwelchen zweifelhaften Botschaften von Matthew gelangweilt, die Matthews Mutter jeden Monat online stellte.[6] Er wirkte jetzt viel reifer als auf dem kleinen Foto auf der Webseite seiner Mutter.

»Willkommen im Nirvana«, sagte Matthew. »Ich komme als Bote deines Vaters. Gibt es irgendetwas, das du ihm sagen willst?«

Glücklich über die Gelegenheit, meinem Vater eine Nachricht schicken zu können, erwähnte ich rasch die Möglichkeit zukünftiger Kommunikation und Zusammenarbeit zwischen uns. Das Beispiel, das Matthew und seine Mutter gesetzt hatten, ermutigte mich. Jetzt konnte ich es viel besser verstehen und schätzen als in meinem irdischen Leben, da ich die Chance, die es bot, nun viel deutlicher erkannte.

Mein Austausch mit Matthew war nur sehr kurz. Irgendwann sah ich herunter auf meine Füße, als ein Wellenausläufer meine Knöchel umspülte, und als ich den Kopf wieder hob, war Matthew verschwunden. Wie mein Lehrmeister mir erklärte, hatten irdische Gebete und Sehnsucht es mir ermöglicht, Matthew kennenzulernen, um meinem Vater zu helfen. Er sagte außerdem, dass ich normalerweise in dieser Phase meiner Orientierung niemandem begegnet wäre, der so geschickt von einer Dimension in die andere gehen kann.

---

6) http://matthewbooks.com/mattsmessage.htm

Mein Vater erhielt die Botschaft, die Matthew seiner Mutter überbrachte, ziemlich ungefiltert. Die Botschaft minderte seinen Schmerz in dem Augenblick, als die Worte unmittelbar von seinem Herzen aufgenommen wurden:

Liebe Seele Ken,
hier spricht Matthew, der dich liebevoll grüßt. Ich habe meine Mutter gebeten, dir in meinem Namen zu versichern, dass du und Galen zu gegebener Zeit genauso kommunizieren werdet wie sie und ich. Bitte erwarte nicht, sofort direkt mit ihm zu sprechen; in deinem aufgewühlten Zustand spielen deine drängenden Emotionen verrückt; sie müssen erst durchlebt und umgewandelt werden, bevor er dich für ein ausführlicheres Gespräch erreichen kann.

Daher bin ich an seiner Stelle hier, um dir mitzuteilen, dass dein Sohn voller Kraft und Lebendigkeit ist, dass er sich rasch an das Reich des Nirvanas anpasst und Seelen vieler Leben begegnet. Er hat mich gebeten, dir auch zu sagen, dass er stolz auf dich – die Seele, die er jetzt kennt – ist und dass er sich schon darauf freut, im Geiste zurückzukehren, um frei von den schweren irdischen Lasten an eurer gemeinsamen Aufgabe mitzuwirken. Zusammen mit unzähligen anderen hochentwickelten Lichtwesen übermittelt er dir liebevolle Energie, um es dir leichter zu machen, durch die Trauer hindurchzugehen. Öffne dein Herz für Galens Botschaft und sei vergewissert, dass er reiner als auf der körperlichen Ebene bei dir ist.

Ich möchte noch hinzufügen, dass jedes Mal, wenn du lächelst oder lachst, und auch jedes Mal, wenn du weinst, Galen dasselbe tut und das Band der Liebe, das ihr für immer teilt und das dir Heilung verschafft, deinen geliebten Sohn gleichzeitig bei seiner Aufgabe weiterbringt.

Nach meiner Begegnung mit Matthew fragte ich meinen Lehrmeister: »Wie kommt es, dass Matthew meinem Vater eine Nachricht schicken kann, wenn ich es nicht kann?«

»Es gibt Schritte und Level, die du erst noch durchlaufen musst. Du steckst in einer Art von Training, in dem du deine Gestalt reifen lassen kannst, damit sie sich besser in die Frequenz, in der du dich jetzt befindest, integrieren lässt. Dann hast du mehr Bewegungsfreiheit. Matthew ist auf einer Ebene, in der er integrierter ist als du.« Es gefiel mir nicht zu hören, dass ich Schritte und Level durchlaufen musste, denn auf Erden war ich stolz darauf gewesen, der Klassenbeste zu sein – zumindest in den Fächern, die mir wichtig gewesen waren.

Ich unternahm mehrere erfolglose Versuche, Matthew zurückzuholen. Bei meinem verzweifelten Versuch, seine Rückkehr durch Willenskraft zu bewirken, bekam ich beinahe Kopfschmerzen. Erst dann wurde mir langsam klar, dass es außer dem Willen auch noch Timing und Zulassen gibt. Die Nachricht von Matthew wurde meinem Vater vielleicht aus Großzügigkeit überbracht, aber sie war sehr verlockend – ich wollte auch von einer Dimension in die andere überwechseln, Botschaften überbringen und anderen helfen. Meine Spaziergänge in der Natur und Andys Gesellschaft hatten mir gereicht, bis Matthew aufgetaucht war und mir deutlich gemacht hatte, dass es Möglichkeiten gab, von denen ich nichts gewusst hatte. Doch das war etwas, das ich nicht allein durch reine Willenskraft ändern konnte. Dennoch bekam ich eine Art Wutanfall – ihr habt keine Ahnung, wie weit ein Stein im Himmel fliegen kann, wenn man ihn aus Frust wirft.

Mein Lehrmeister erklärte mir, welche Transformation notwendig war, bevor ich eine solche Fähigkeit hätte. Er sagte: »Genauso wie auf Erden gibt es auch in dieser Dimension Wahrheit und Illusion. Und obwohl es einen Ort gibt, den der Verstand als real wahrnimmt, lässt der Verstand die Illusion zurück, wenn man gereift ist.« Meine Illusion war, dass ich genau dasselbe tun könnte wie Matthew und es gleich tun könnte, doch ich harmonierte noch nicht mit meinem *Jetzt* und ließ auch keine Synchronisierung zu. Ich ließ nicht zu, vom Moment zu lernen, denn der Wille ist ein Werkzeug, mit dem man zwar Energie *bewegen*, aber keine Energie *erschaffen* kann. Und so lernte ich den Unterschied zwischen Willen und Manifestierung.

Ich konnte mir innerhalb der Grenzen der Welt, in der ich nun lebte, fast alles vorstellen, was ich wollte, aber ich sehnte mich nach etwas anderem, auch wenn mir nicht klar war, was es war. Und trotzdem – sobald mein Vorhaben, mit meinem Vater zu kommunizieren, feststand, sagte mir mein Lehrmeister, wie mir Musik und Kunst Zugang zu den Träumen meines Vaters verschaffen könnten. Er erklärte, dass Musik, Kunst und Literatur eine sehr hohe Seelenenergie haben. Da mein Vater ein besonderes Interesse an diesen Dingen hatte und daher mit ihrer Energie im Einklang war, konnte ich versuchen, durch sie Zugang zu seinem Unterbewusstsein zu bekommen. Weiterhin sagte er, dass die Rolle, die Musik, Kunst und Literatur als Verbindungen zu den höheren Dimensionen spielen, auf der Erde unterschätzt wird. Die Töne, Farben und Eigenschaften von Musik, Kunst und Literatur werden von Bewohnern höherer Dimensionen genutzt. Dadurch wird das höhere Bewusstsein durch Kunst, Musik und Literatur zugänglich. Die Anwendung dieses Wissen ermöglichte es mir, meinem Vater zu verstehen zu geben, dass ich hier war, und so mein Gefühl der Einsamkeit loszuwerden.

Mit den Anweisungen meines Lehrmeisters kehrte ich zur Wiese mit den Stühlen zurück, machte die Augen zu und konzentrierte mich auf das, was ich vor Augen hatte. So erschuf ich das Bild meines Vaters. Auf diese Weise bekam ich Zugang zu den Daten seines Unterbewusstseins und überlegte mir, wie ich ihm unter Verwendung der darin enthaltenen Informationen am besten eine Nachricht schicken könnte. Es war so, als würde ich lauter Grußkarten in einem Geschäft durchsehen und mir die Karte aussuchen, die ich ihm schicken wollte. Es gab viele lebendige Erinnerungsbilder wie die lebendigen Gemälde, die Harry Potter an der Wand in Hogwarts Castle betrachtet, und es waren Hunderte von Liedern vorhanden. In diesem Raum konnte ich der Schauspieler werden, weil mein Vater in gewisser Weise ein Schauspieler war, und ich konnte auch die Musik werden, weil mein Vater die Musik war.

Um ihm deutlich zu machen, wo der Traum, den ich ihm schicken wollte, herkam, suchte ich mir als Erstes eine Reihe glücklicher Erinnerungen aus, die mein Vater an mich hatte, und knüpfte sie zusammen, so dass sie eine kurze Bildermontage ergaben. Für die musikalische Untermalung begab ich mich in die Abteilung der Broadway-Stücke und fand unter *Camelot* ein Lied mit einem Text, der genau der richtige für diesen Traum war. Der Zugang zu *Camelot* war einfach, da er in der Energie meines Vaters mitschwang. In der Erinnerung meines Vaters war das von mir ausgewählte Lied mit Liebe und wehmütigen Gefühlen verbunden. Es handelte von einem König, dessen liebendes Herz von einer Frau zerbrochen wurde, die etwas anderes wollte, und es begann mit diesen bekannten Zeilen:

If ever I would leave you
It wouldn't be in summer.[7]

Da sich die in diesem Traum enthaltenen Informationen schon im Kopf meines Vaters befanden, brauchte ich nur meinen Willen anzuwenden, um die Erinnerungen in einer bestimmten Reihenfolge zu aktivieren, wenn ich spürte, dass er dafür offen war. Als der Traum bei ihm angekommen war, wachte mein Vater sofort auf und wusste, dass ich ihn geschickt hatte.

· ◆ ·

Anmerkung des Herausgebers:
Am 11. Dezember, dem Abend, an dem ich eine Klinik in Sacramento, Kalifornien, besuchte, wo ich Erwachsene und Kinder mit Gehirnverletzungen unter Verwendung von hyperbarem Sauerstoff

---

7) *Alan Jay Learner und Frederick Loewe*

behandelte, überbrachte Matthews Mutter mir seine Botschaft. Wie sie mir sagte, hatte ich eine Vereinbarung mit Galen, ähnlich wie sie und ihr Sohn zwischen den Dimensionen zu kommunizieren. Meine emotionale Reaktion auf diese Nachricht glich der eines Ertrinkenden, der sich an einen Rettungsring klammert. Am nächsten Tag empfing ich den Camelot-Traum in Sacramento und wachte sofort auf. Zuerst wühlte mich die Reihe von Bildern auf, die liebgewonnene Erinnerungen wachriefen, die wie eine Diavorführung aneinandergereiht waren. Das Ganze war von der Musik aus Camelot untermalt, die mir nicht mehr aus dem Kopf ging.

Es dauerte mehrere Stunden, bis mir dämmerte, dass diese Bildermontage als Nachricht von Galen, der außer Hunden Broadway-Musicals über alles geliebt hatte und von einer Karriere am Theater geträumt hatte, zusammengesetzt worden war. Man könnte annehmen, dass diese ersten Versuche einer Kommunikation zwischen Galen und mir meine Trauer und Verzweiflung gemindert hätten. In gewisser Weise beeinflussten sie meine Gefühle tatsächlich, indem sie sie paradoxerweise verstärkten, so als hätte man mich dazu gedrängt, sie noch schneller zu verarbeiten. Ungefähr ein halbes Jahr nach Galens Tod war ich emotional so erschöpft, dass ich ihn tatsächlich bat aufzuhören, mir ungefragt Lieder zu schicken.

Unsere Kommunikation musste in anderer Form stattfinden, da die intensiven Gefühle, mit denen ich umgehen musste, wenn ich ein paar der Lieder gehört hatte, kontraproduktiv geworden waren. Die Melodie, die mir den Rest gab, war »Turn Around«, von einer so schönen Frauenstimme gesungen, dass sie aus dem Himmel zu kommen schien, was vermutlich auch der Fall war. Das Lied fing mit diesen Worten an:

Where are you going, my little one, little one ...« [8]

Da lag ich nun mitten in der Nacht im Bett und hörte eine liebliche und weiche Frauenstimme, die dieses wehmütige Lied in einer vollkommenen Tonlage sang. Das Erlebnis, das ich bei vollem Bewusstsein hatte, war so intim, dass es sich beinahe wie eine Grenzüberschreitung anfühlte. Es war schwer zu ertragen, mitten in der Nacht mit aufgewühlten Gefühlen im Bett zu liegen und ohne Vorwarnung ein so trauriges Lied, vorgetragen von einer himmlischen Stimme, zu hören. In Folge dessen war »Turn Around« das letzte Lied, das ich je empfing.

---

8) Harry Belafonte, Malvina Reynolds und Alan Greene

Kapitel 3

Das große Ich

Eine Unterhaltung mit meinem Vater in seinem Traum zu führen, gab mir das gleiche Gefühl, etwas erreicht zu haben, das man hat, wenn man den Golfball auf Anhieb ins Loch schlägt oder nach einer Lähmung wieder mit dem großen Zeh wackeln kann. Im Rückblick muss ich sagen, dass ich nur mit dem Zeh gewackelt habe, aber damals bedeutete es mir alles. Das Lied aus *Camelot* – das erste von vielen, die ich meinem Vater schickte und die er »Himmelsmelodien« nannte – war im Grunde dasselbe Spiel wie das, was ich mit Andy spielte. Ich brauchte nur die Musik für die Träume meines Vaters so zu formen, dass er merkte, dass die Botschaften von mir kamen. Und obwohl ich auch viele solcher Botschaften an meine Großmutter und meine Mutter sandte, reagierte nur mein Vater darauf. Daran erkannte ich, wie Angst und Trauer Barrieren bilden, die die Kommunikation aus meiner Dimension an meine Lieben auf Erden blockten. Ich lernte, dass Trauer die Intuition betäubt und, wenn sie sich mit Angst vermischt, in Aberglauben umkippt. Trauer und eine daraus entstehende Depression waren die einzigen Gefühle, die viele Menschen aus meinem irdischen Leben empfanden, so als hätten sich für sie alle Farben des Sonnenuntergangs verflüchtigt. Da es mich bedrückte, das mit ansehen zu müssen, konzentrierte ich meine Bemühungen hauptsächlich auf meinen Vater, der sie am deutlichsten zu empfangen schien.

Und ebenso wie es Barrieren gab, die die Kommunikation zwischen den Dimensionen blockierten, gab es auch Portale, durch die Informationen einfacher ausgetauscht werden konnten. Es gehörte zu meinem Training, mit solchen Varianten des Kommunikationspotenzials zu arbeiten.

Außerdem konnte ich durch meinen Lehrmeister mit meinem Vater kommunizieren. Aufgrund einer Gunst oder Erlaubnis, die ich nicht weiter hinterfragte, berichtete mein Lehrmeister mir, was mein Vater mir mitteilen wollte, und im Gegenzug teilte ich meinem Lehrmeister meine Antwort mit, so als würde ich meinem Vater einen Brief aus dem Ferienlager schreiben. Ich unterhielt mich mit meinem Lehrmeister auch über Beobachtungen, die ich über das Wesen der Dimension gemacht hatte, in der ich mich nun befand, um meine Wahrnehmungen bestätigt oder erklärt zu bekommen. Manchmal nickte er nur, oder er kommentierte meine Beobachtungen kurz. Manchmal neckte er mich auch, indem er sagte: »Na ja, war das nicht offensichtlich?« Das Necken war eine Konstante unserer Gespräche. Genau so hatte ich auch mit meinen Freunden und sogar mit meinem Vater geredet, so dass es tröstlich vertraut klang.

Ich hatte vollkommen begriffen, dass das, was ich täglich sah, im Grunde von mir selbst erschaffen war, und dennoch war das Material, aus dem diese herrlichen Landschaften bestanden, auch mit der Dimension verbunden, in der ich nun existierte. Ich wusste, das hier war kein Holodeck aus *Star Trek*. Mein Verständnis entwickelte sich über elementare Erfahrungen hinaus, und mein Bewusstsein über die Dynamik dieses Ortes erweiterte sich.

Ich fragte meinen Lehrmeister: »Ich verstehe ja, dass hier wegen meiner Erwartungen, die ich aufgrund meiner irdischen Erfahrungen habe, die Sonne aufgeht, der Mond am Himmel steht und die Sterne funkeln. Aber die Erde ist doch ein Planet – Teil eines Systems, das sich um einen Stern dreht. Dieser Ort hier ist kein Planet. Was hält dich und mich, alle und alles in dieser Dimension eigentlich zusammen?«

Ich fuhr mit dem Arm durch Andys Körper, als wäre er gar nicht da (ich hatte Andy vorher um Erlaubnis gebeten, das demonstrieren zu dürfen), um zu zeigen, dass die Gesetze der Physik, die auf der Erde galten, hier nicht wirkten. Dann fuhr ich fort: »Auf der Erde könnte ich das nicht tun – außer in meinen Gedanken. Bin ich jetzt also nur ein Gedanke, der nirgendwo körperlich existiert?«

»Gedanken sind Energiepulse«, antwortete mein Lehrmeister. »Auf einer Ebene bist du also genauso ein Gedanke wie so ziemlich alles andere auch, aber Gedankenenergie sammelt sich und folgt einer Form. Diese Form hat eine Intelligenz, die sich an diesem Ort selbst erschafft.«

Ich musste eine Weile über seine Antwort nachdenken, weil sie so abstrakt war und an die Grenzen des Begreifbaren stieß. »Redest du über Moleküle?«, fragte ich.

»Nein, es gibt noch etwas, das kleiner als ein Molekül, kleiner als Elektronen ist, bis die Energie unendlich wird. Dann sammelt es sich und unterstützt den Rest«, gab mein Lehrmeister zurück.

Mein Silberbecher vibrierte, als ich mich an eine Notiz erinnerte, die ich nur wenige Wochen vor meinem Tod in mein Schuljournal eingetragen hatte:

Was weiß man schon? Was meine Philosophie angeht ... nichts. Nichts ist unleugbar wahr. Es gibt keine absolute Tatsache. Es gibt natürlich wissenschaftliche Begründungen – Theorien über Teilchen wie zum Beispiel das Graviton (theoretische Elementarteilchen ohne Masse [als Teil der Stringtheorie], die alles zusammenhalten), die es nach den Gesetzen der Wissenschaft gar nicht geben dürfte, und trotzdem kann das Universum ohne sie nicht existieren. Alles Endliche widerspricht seiner eigenen Existenz dadurch, dass es eindeutig ist. Keine Materie bleibt ständig in derselben Form bestehen. Ganz unten ändert sich alles ständig. Nichts ist unleugbar dies oder das. Alles, was existiert, existiert gleichzeitig auch nicht. Die einzige unleugbare Wahrheit, die es gibt, ist, dass nichts wahr sein kann.

Das begriff ich jetzt in seiner tiefsten Bedeutung: Was auf der Erde theoretisch war, war hier real.

»Niemand ist bis an den Punkt – des Unendlichen oder Endlichen – gelangt, und daher ist nicht bekannt, wie viele Schichten und Level diese Energie hat, aber man weiß, was aus dieser Quelle kommt und sich selbst erschafft. Und jetzt will ich dir etwas zeigen.« Mein Lehrmeister ließ den Arm quer über den Himmel schweifen.

Plötzlich bemerkte ich ein Muster aus Energie, das ich noch nie gesehen hatte und das mir dennoch irgendwie vertraut war. Der Himmel war zwar immer noch strahlend blau, doch als ich den Blick entspannte, konnte ich deutlich einen subtilen Energiestrom erkennen, der von einem zentralen Lichtpunkt angezogen wurde, so als würde ich direkt in die Mitte eines Wasserstrahls blicken, der auf den Himmel gerichtet war. Nur war das hier kein Wasser. Es hatte auch nichts mit Portalen oder Strudeln zu tun. Das Phänomen weckte eine Kindheitserinnerung in mir. »Was ist das?«

»Wir nennen es das ›große Ich‹.«

»Ist es so was wie ein Auge?«, wollte ich wissen.

»Du kannst es als Auge ansehen, aber für uns ist es das ›große Ich‹.«

»Ist das Gott, den ich jetzt ansehe?«

»So kannst du es nennen«, sagte mein Lehrmeister. »Andere haben eine andere Bezeichnung dafür. Es ist egal, wie man es nennt. Aber es ist die gesammelte intelligente Form. Diese Dimension ist so breit, dass man die unglaubliche Tiefe all dieser Energie wahrnehmen kann, die nach oben gesogen wird.«

Ich spürte ein Ziehen auf der Haut, so als wollte jeder Teil meines Wesens in den Strom hineinfließen, der sich auf das Licht in der Mitte des Zylinders zubewegte. Bis zu diesem Augenblick hatte ich geglaubt, diese Dimension würde all meine zukünftigen Erfahrungen ausmachen, jetzt, da ich tot und im Himmel war. Doch nun wurde mir klar, dass es auch noch andere Dimensionen gab, zu denen ich Zugang bekommen konnte. Ich bekam ein ganz neues Gespür für die Dimensionen.

»Wird meine Zeit hier je zu Ende gehen?«, fragte ich.

»Ja«, sagte mein Lehrmeister. »Du durchläufst auch hier einen Zyklus. Wenn du alles, was du in der jetzigen Dimension lernen kannst, gelernt hast, wirst du ins ›große Ich‹ einfließen und dich an einem anderen Ort wiederfinden, nachdem du bestimmte Entscheidungen getroffen hast. Die Zeit ist noch nicht reif für diese Entscheidungen.«

Ich erinnerte mich daran, dieses Phänomen mit vier oder fünf Jahren schon einmal auf der Erde gesehen zu haben. Damals hatte ich meinen Vater danach gefragt. Während ich mich daran erinnerte, vibrierte mein Silberbecher erneut und wurde ein bisschen größer. Jetzt wirkte er nicht mehr wie ein kleiner Gegenstand, den man mir in die Hand drücken konnte. Am Tageshimmel wirkt das ›große Ich‹ anders als hier. Da ist es eiförmig und sieht aus wie eine riesengroße Blume mit glatten, aber unregelmäßigen Umrissen, die sich von himmelblau in ein durchsichtiges Lila oder Dunkelblau verwandeln. Die Umrisse wogen ununterbrochen, während sich blütenartige Formen rasch auf die Mitte zubewegen. Sie scheinen in einen Abfluss zu fallen und werden ständig von neuen Blüten ersetzt.

Als ich damals meinen Vater fragte, was das am Himmel war, wusste er genau, wovon ich sprach, da er es selbst schon oft bemerkt hatte. Er sagte, der ständige Energiefluss in den Himmel hinein sei eine Manifestierung des *Prana*, eine sichtbare Darstellung der Kraft, die das irdische Leben energetisch aufrechterhält. Dieses physikalische Phänomen wird von vielen Leuten wahrgenommen, wenn auch nie bei Nacht, weil das menschliche Auge so begrenzt entwickelt ist, dass es seine Gegenwart nur am Tag sehen kann.

Ich fragte mich, wie viele Kinder wohl ihre Eltern oder einen anderen Erwachsenen schon gefragt hatten, was sie da sahen, während sie das ›große Ich‹ betrachteten – und bei wie vielen von ihnen ist diese Frage wohl abgewürgt worden ...? Wie leicht ist es doch, die Neugierde von Kindern zu unterdrücken und so ihren Geist zu brechen, indem Wahrheiten des Universums ignoriert werden. Zum

Glück hatte ich vor meiner Geburt eine Vereinbarung mit meinem Vater getroffen, meine kreative, intuitive oder emotionale Energie niemals zu unterdrücken, und er hat sich immer daran gehalten.

Danach versuchte ich noch oft, das ›große Ich‹ von allein zu entdecken, aber ich fand es nicht mehr. Ich musste mich mit dem Wissen zufriedengeben, dass es da war. Das Bewusstsein, dass alles einen Zyklus durchläuft, machte mich ein wenig nervös, da ich glaubte, ich müsste immer etwas tun, weil ich eines Tages woandershin gehen würde. Meine Lehrer neckten mich oft für meinen Drang, Dinge zu vollenden, und ich musste das Gefühl bald unterdrücken, weil sich meine Frustration auf meine irdische Familie auswirkte. Meine Eltern und sogar meine Großmutter beschleunigten die Dinge in ihrem Leben, da sie glaubten, die Zeit würde ihnen davonrennen.

Zum Teil war die Beschleunigung der Zeit für meine Familie die Reaktion auf die Tatsache, dass ich angefangen hatte, meine Umwelt und mich anders zu erleben. Ich hatte eher das Gefühl, schon einundzwanzig zu sein, aber das war noch nicht alles. Ich verwandelte mich erst in ein fünfundzwanzigjähriges Ich und dann in einen Achtundzwanzigjährigen. Ich wollte auch wissen, wie es sich anfühlte, zweiunddreißig und sogar fünfundsiebzig zu sein. Es machte mich glücklich zu wissen, dass ich nicht als Sechzehnjähriger in dieser wunderbaren Dimension, in der ich mich nun befand, stecken bleiben würde.

Ich wollte alle Ebenen desjenigen erfahren, der ich war und gewesen wäre, wenn ich weiter auf Erden gelebt hätte, und dafür wendete ich Alterssprünge an. Es dauerte nicht lange, bevor ich erkannte, dass diese Dimension viel komplexer war, als mir bewusst gewesen war. Dieses Wissen ließ mich tatsächlich noch mehr sehen – und auch mehr erschaffen. So konnte ich beispielsweise ein echt cooles Zuhause für mich entwerfen, das ich immer wieder neu einrichtete. Zuerst war es eine Wohnung, wie man sie in Manhattan findet. Dann machte ich eine prächtige Barockvilla daraus. Ich arbeitete so lange mit Kristallmaterie, bis die Wohnung wie Supermans

Burg der Einsamkeit aussah. Dann verwandelte sie sich plötzlich in die Brücke des Raumschiffs Enterprise. Das machte mir einen Heidenspaß, und ich konnte nun eine Struktur aufrechterhalten, ohne davorstehen zu müssen. Ich hatte jetzt einen Ort, an den ich gehen konnte, statt nur irgendwohin zu gehen. Ich konnte aus dem Haus gehen – und wenn ich zurückkam, stand es noch genau an der Stelle wie vorher. Das war ein beabsichtigtes Ergebnis, das ich erschaffen, am selben Ort gelassen und aufrechterhalten hatte, ohne mich ablenken zu lassen. Auf der Erde wäre das vergleichbar mit dem Vorhaben, einen Lebenswunsch zu manifestieren, im Wissen, dass er zum richtigen Zeitpunkt möglich ist, aber ohne sich täglich daran erinnern zu müssen.

Das war eine der vielen Veränderungen, die auf meiner Bewusstseinsebene stattfanden, nachdem ich das ›große Ich‹ gesehen hatte. Außer der verstärkten Fähigkeit, Welten zu erschaffen, wurden meine Lektionen immer komplexer, und ich lernte, dass ›das große Ich‹ in jeder Dimension enthalten ist, weil es die Dimensionen erschafft.

• ◆ •

Anmerkung des Herausgebers:
Ich war nicht viel älter als Galen, als ich dieses Phänomen zum ersten Mal am Himmel sah und meine Mutter fragte, was das sei. Da diese Erfahrung eine ganz wichtige für mich war, weiß ich noch genau, wo ich mich befand, als ich ihr diese Frage stellte – ebenso wie ich noch genau weiß, wo ich war, als Galen mir dieselbe Frage stellte –, doch mein fünfjähriges Selbst erhielt keine Antwort. Deshalb bedeutete es mir sehr viel, mein eigenes Wissen an meinen Sohn weiterzugeben, auch wenn ich nur einen Teil davon verstand.

Während ich dieses Kapitel aufschrieb, unternahm ich mehrere halbherzige Versuche, das ›große Ich‹ wiederzusehen, und auch wenn ich es spüren konnte, sah ich es erst an einem Spätnachmittag, an dem ich nach einem anstrengenden Tag erschöpft vor meinem Haus parkte. Trotz – oder womöglich auch wegen – meiner Müdigkeit konnte ich das ›große Ich‹ durch die Windschutzscheibe meines Wagens nördlich der Sonne, die in einer Stunde untergehen würde, erkennen. Es sah noch genauso aus wie beim ersten Mal: eine Traube aus lichtdurchlässigen, dunkelblau gefärbten Ovalen, die rasch ins Zentrum des Musters gesaugt wurden. Dank Galen konnte ich das, was ich am Himmel betrachtete, weitaus besser verstehen.

Während Galen seine Alterssprünge machte, schrieb ich in mein Journal, dass ich geistige Bilder von Galen in verschiedenen Altersstufen erhielt, die er auf Erden nie erreichen würde. Ich war tagsüber von diesen Bildern so besessen, dass ich mich schließlich zwang, damit aufzuhören, mich selbst zu quälen. Innerhalb von wenigen Tagen wurde ich darüber informiert, dass Galen erforscht hatte, wie sich sein Leben in diesen Altersstufen angefühlt hätte. Mein Herz war so wund und offen, da ich Galens Aktivitäten in seiner Dimension mitbekommen hatte.

Kapitel 4

Die Halle der Becher

*D*as photonische Muster nahm ich wahr, als sich mein Körper als Reaktion auf die Strahlen des ›großen Ichs‹ veränderte und mir eine großartige Erleuchtung bescherte, die mir half, mich selbst zu verstehen. Ich wollte jedoch auch Vereinbarungen, die ich mit meinen Verwandten getroffen hatte, verstehen. Ich wollte nicht, dass sich mein Vater auf die Tragödie meines Tods in so jungen Jahren konzentrierte. Ich bereute, dass ich in den letzten sechs Monaten meines irdischen Lebens nicht mehr mit ihm geredet hatte. Das verstärkte meine Schuldgefühle über die Tatsache, dass ich meine ganze Familie in Trauer über meinen Tod zurückgelassen hatte. Obwohl mir bewusst war, dass meine Seele ihrer traurigen Erfahrung zugestimmt hatte, fühlte ich mich in diesem Augenblick dafür verantwortlich.

Um einen klareren Überblick über die Auswirkungen meines Todes auf meine Familie und meine eigene Situation zu erlangen, fragte ich meinen Lehrmeister um Rat. »Ich verstehe ja, dass meine Familie es als tragisch ansieht, dass ich mit sechzehn von ihnen gegangen bin, aber in den anderen Altersstufen, in die ich mich versetzt habe, fühle ich mich genauso - ist es wirklich eine Tragödie, so jung zu sterben?«

»In welchem Alter wärst du denn lieber gestorben?«

Auf diese Frage hatte ich nicht gleich eine Antwort.

»Auf der Erde wirkt sich die lineare Zeit auf das Ausmaß der Tragödie aus. Der Tod eines Kindes im Alter von sechs Monaten wird als tragischer angesehen als der eines Dreiundsiebzigjährigen, da er schon ein erfülltes Leben hinter sich hat«, fuhr mein Lehrmeister fort. »Aber es gibt auf Erden keine Wertschätzung dafür, wie alt eine Seele wirklich ist, wenn sie geht. Die wahre Tragödie ist die Unfähigkeit, im Jetzt zu lieben.«

»Ja, es ist tragisch, wenn jemand nicht respektiert oder geliebt wird«, sagte ich traurig und erinnerte mich daran, wie mir immer das Herz gebrochen war, wenn ich an die vielen Hunde und anderen Tiere gedacht hatte, die keine Liebe bekamen – und an die ungeliebte Erde selbst. Ich fing an zu weinen, weil ich deutlich mitfühlen konnte, was dieser Mangel an Liebe auf der Erde anrichtete: nämlich Trennung und Tragödien. Ich dachte, dass die Liste der Dinge, die auf der Erde nicht geschätzt werden, wahrscheinlich ziemlich lang ist. Soweit ich aus der Geschichte der Menschheit wusste, hatte die Unfähigkeit, das im Augenblick Vorhandene zu lieben, die Menschheit schon seit sehr langer Zeit geplagt.

»Die Seele kommt auf die Erde, um bestimmte Erfahrungen zu machen, aus denen sie lernen und an denen sie sich weiterentwickeln kann«, sagte mein Lehrmeister. »Jedes Leben hat einen Sinn, selbst wenn es nur bis zum ersten Funken der Empfängnis besteht oder wenn es das Leben eines Obdachlosen oder eines Eichhörnchens im Baum ist. Nicht die Länge der Zeit, die man auf Erden verbringt, zählt, sondern der Grund, warum man auf die Erde kommt.«

»Die Erde ist also ein großes Klassenzimmer?«, fragte ich.

»Eins von vielen Klassenzimmern – und als ein Aspekt deiner Seele hast du dich für eine ganz bestimmte Reihe von Kursen eingetragen – und um anderen bei ihren Lektionen zu helfen.«

»Als *ein* Aspekt meiner Seele? Was bedeutet das?«

»Du bist ein Ausdruck deiner Seele, ebenso wie deine Seele ein Ausdruck des ›großen Ichs‹ ist«, erklärte mein Lehrmeister.

»Welche Kurse hat die Erde denn zu bieten?«, fragte ich.

»Man kann auf Erden zwar unzählige Lektionen lernen, aber die kurze Antwort lautet: ›Aus der Erfahrung der Isolierung zu lernen, während man Entscheidungen trifft, die Folgen haben‹«, antwortete mein Lehrmeister.

»Isolierung von was?«

»Während man seine irdischen Erfahrungen macht, hat man vergessen, wer man wirklich ist und wo man herkommt. Dieses Vergessen macht die Erde einzigartig. Auch wenn sich manche Menschen – vor allem Kinder – an ein oder zwei frühere Leben erinnern, spiegelt diese Erinnerung eher den Ort, an dem man schon einmal war, als den Ort, von dem man herkommt. Indem man vergisst, glaubt man, man sei vom gesamten Leben getrennt. Auf höheren Ebenen besteht ein stärkeres Gefühl der Zugehörigkeit, während das irdische Leben ein Experiment der Isolierung und der bewussten Entscheidungen durch das innere Gleichgewicht ist. Dadurch entsteht die Verbundenheit, die auf höheren Ebenen selbstverständlich ist. Dort wissen sie nach der Geburt, wo sie herkommen – ganz anders als auf Erden.«

»Aber auch auf Erden kann man sich doch dazu entschließen, sich nicht getrennt zu fühlen, oder?«, fragte ich.

»Ja – weil es gar keine Trennung gibt«, erwiderte mein Lehrmeister. »Aber das menschliche Bewusstsein ist nur tief in das Wissen des Verstandes eingebettet. Die Menschen glauben, dass der Verstand ihr Bewusstsein ausmacht, nicht wahr? ›Ich denke, also bin ich.‹ Doch wie du hier schon gelernt hast, wirst du erst dann wirklich bewusst, wenn deine Wahrnehmungen aus einer anderen Quelle als deinem Verstand kommen.«

Ich konnte zwar nicht mehr in meinem alten irdischen Körper zur Erde zurückkehren, aber ich war immer noch fest entschlossen, mich mit ihr zu verbinden. Ich war jetzt an einem Ort, an dem es viel mehr Liebe zu verschenken gab, und ich schwor mir, sie irgendwie durch die Dimensionen zu bringen, während ich die Kommunikation mit meinem Vater wiederherstellte. Da ich ein Aspekt meiner Seele war und begriffen hatte, dass die Seele mir zeigen würde, warum ich Galen war, beschloss ich, bei meiner Seelenforschung mit der Seele, die mein Vater ist, anzufangen.

Da mein Lehrmeister mein Vorhaben kannte, führte er mich zu einem stattlichen Gebäude, dessen Fassade mich an das oberste Bundesgericht der Vereinigten Staaten erinnerte. Er sagte mir, dass es die Halle der Becher sei – die häufig die Akasha-Chronik genannt werde: eine große Bibliothek, in der der Becher jeder einzelnen Seele aufbewahrt wird. »Wenn du den Becher deines Vaters findest, erfährst du, wo er ist und wo er herkommt«, erklärte mein Lehrmeister.

Ich betrat den riesigen Kuppelbau, der von innen noch viel größer wirkte als von außen. Vor mir reihten sich ganze Türme von Bechern auf, die weit bis hinter den Horizont reichten. Die Halle war hell beleuchtet, doch das Licht rührte allein von unzähligen Silberbechern her, die perfekt auf Regalen aufgereiht waren. Jeder Becher hatte eine Höhe von ungefähr fünfundvierzig Zentimetern und einen Durchmesser von etwa zwanzig Zentimetern. Wie ich erkennen konnte, war jeder Becher so einzigartig wie eine Schneeflocke.

Ehrfurcht überkam mich beim Anblick dieser riesigen Halle voller Becher, und ich befürchtete schon, den Becher meines Vaters unter den unzähligen Bechern nicht zu finden. Doch dann erschien ein Bibliothekar und sagte mir, dass die Becher alphabetisch angeordnet seien. »Das soll wohl ein Witz sein«, dachte ich im Stillen, da ich mir vorstellen konnte, dass eine so riesige Sammlung das Alphabet sprengen würde. Dennoch trat ich vor und hielt den Vornamen meines Vaters in Gedanken fest.[9]

Sofort flogen zahllose Reihen von Bechern blitzschnell an mir vorbei – und auf einem Regal vor mir stand der Becher meines Vaters. Ich sah mir das Innere des großen, prächtig verzierten Bechers

---

9) Damals war mir nicht bewusst, dass ich in Wirklichkeit von einem bestimmten Ton angezogen wurde, doch die Erklärung der alphabetischen Reihenfolge machte den Vorgang nachvollziehbar für mich.

näher an. Zuerst war es, als würde ich den riesigen Nachthimmel betrachten, mit Ausnahme eines leicht gewellten Musters auf der Oberfläche, das mir das Gefühl vermittelte, den Kosmos durch einen Teich zu betrachten. Das anschließende Erlebnis glich einem Blick in das Pensieve von Professor Dumbledore, einem Gerät aus *Harry Potter*, mit dem man sich Erinnerungen ansehen kann. Indem ich in den Becher meines Vaters blickte, konnte ich sehen, wer er gewesen war, wo er herkam und warum wir beide eine Vereinbarung getroffen hatten, in diesem Leben miteinander verbunden zu sein. Auch konnte ich viele der Persönlichkeiten erkennen, die seine Seele in der Vergangenheit gewesen war, sowie die Archetypen, mit der seine Seele gearbeitet hatte. Mein Augenmerk richtete sich sogleich auf einen adligen Krieger mit goldenem Brustpanzer, aber noch wichtiger war, dass mir bewusst wurde, dass meine und seine Seele schon in vielen Leben Gefährten gewesen waren und dass er schon oft für mich gestorben war. Während ich in den Becher meines Vaters schaute, bekam ich eine ganz andere Einstellung zu meiner Erblinie, und ich bemühte mich lange, die Ereignisse, die zu meiner Lebzeit auf Erden stattgefunden hatten, und ihre Verbindung zu dem, was ich im Becher sah, zu verstehen – meine wahre Ahnentafel!

Während ich die Halle der Becher weiter erkundete, fand ich heraus, dass die Becher mehr sind als nur Behälter von Erinnerungen an Aufenthalte auf der Erde. Sie enthalten Erfahrungen aus allen unterschiedlichen Dimensionen, die sich die Seele zunutze macht. Außerdem beinhalten die Becher Informationen darüber, welche Dimensionen zu der Zeit, in der die irdische Dimension genutzt wird, im Spiel sind, weil die Seele gewöhnlich gleichzeitig vielerlei Aspekte parallel durchläuft. Da die Becher alle Erfahrungen enthalten, müssen einmal gelernte Lektionen nicht wiederholt werden. Man muss die Erfahrungen vielleicht noch verstehen lernen, aber dafür muss man sie nicht noch einmal im selben Ausmaß durchmachen.

Als ich die Becher betrachtete, wurde immer deutlicher, dass die Üppigkeit ihrer Verzierungen ganz unterschiedlich war. Und allmählich fühlte ich mich wie vor den Kopf gestoßen, als mir klar wurde, dass der Becher auf meiner Brust im Vergleich zu den anderen sehr klein und schlicht war.

»Was hast du denn – bist du neidisch auf andere Becher?«, neckte mich mein Lehrmeister. Ich ging davon aus, dass mein Becher nur ein Aspekt meines Meisterbechers in der Halle der Becher war. Es schien, als würde mein Becher nur die Informationen aus meinem letzten irdischen Leben enthalten und ich würde irgendwann seinen Inhalt meinem Meisterbecher hinzufügen. Dadurch würde der Meisterbecher ein bisschen größer und reicher verziert werden. Ich stellte mir vor, wie mein kleiner Becher ein Pfadfinderabzeichen zu meinem Meisterbecher beisteuern würde, auch wenn ich nicht glaube, dass das Abzeichen irgendetwas mit der Vermeidung von Zugunglücken zu tun haben wird. Mein Lehrmeister klärte mich jedoch darüber auf, dass mein kleiner Becher nicht wirklich nur ein Leben widerspiegelt, da jeder dieser einzelnen Lebensbecher eine Art Hologramm des Meisterbechers ist – das heißt, im kleinen Becher lässt sich auf das gesamte Spektrum an Erfahrungen in meinem Meisterbecher zugreifen, ebenso wie der Meisterbecher eine holografische Abbildung des ›großen Ichs‹ ist.

»Es gibt nur einen Becher«, erklärte mein Lehrmeister.

Für einen Augenblick reichte es mir, keinen großen Becher mit mir herumschleppen zu müssen, doch ich wollte wissen, warum ich gerade bei meinen Eltern geboren worden war. Wie mein Lehrmeister mir sagte, wollte ich Klarheit über meine irdische Erfahrung als Galen, weil ich das meiste davon in mein nächstes Leben mitnehmen würde, wenn der Zeitpunkt dafür gekommen war. Diese Offenbarung faszinierte mich und brachte mich dazu, meinen eigenen Becher in der Halle der Becher zu suchen. Als ich mich auf meinen Namen konzentrierte, flogen erneut unzählige Reihen an Bechern blitzschnell an mir vorbei, bis das Regal auftauchte, auf dem mein Becher stehen sollte. Aber anstelle meines Bechers befand sich nur ein Ring aus Staub, der darauf hindeutete, dass jemand den Becher entfernt hatte. Als ich meinen Lehrmeister fragte, was das zu bedeuten hätte, sagte er:

»Es ist noch nicht der richtige Zeitpunkt für dich, deinen eigenen Meisterbecher – wie du ihn nennst – anzusehen, weil dieser Becher für dich noch aktiv ist. Wenn die Zeit für deinen Übergang aus dieser Dimension reif ist, bringst du deinen Becher hierher und stellst ihn auf das Regal, wo er sich in den Meisterbecher verwandeln wird.« Ich konnte meinen eigenen Meisterbecher also deshalb nicht finden, weil der kleine Becher, den ich um den Hals trug, in Wirklichkeit der Meisterbecher war.

Ich fing wieder an, mir Sorgen um meinen Vater zu machen, da ich jetzt – vor allem nachdem ich seinen Becher gesehen hatte seine große Verzweiflung fühlen konnte und Angst hatte, sein Körper und Geist könnten die tiefe Trauer nicht aushalten. Um eine bessere Sicht der Dinge zu erhalten, fragte ich meinen Lehrmeister: »Wird mein Vater vor Trauer und weil er glaubt, mein Tod mit sechzehn sei ein Tragödie, krank werden?«

Er antwortete: »Dein Vater muss sich zwischen zwei Wegen entscheiden. Der eine Weg führt in eine starke Depression und Krankheit, die seinen Körper verzehrt. Der andere Weg lässt ihn bei seinen eigenen Nachforschungen weiterkommen, die das spiegeln werden, woran du in dieser Dimension arbeiten wirst.«

Ich wurde von einer plötzlichen Welle der Emotionen und dem Impuls überwältigt, meinem Vater eine Nachricht zukommen zu lassen, dass er nach vorne sehen und nicht länger leiden solle. Ich wollte ihm sagen, dass jede Tragödie nur ein Mangel an Liebe ist. Also hielt ich den Becher, als wäre er ein Lautsprecher, und sah meinen Lehrmeister an. Er warf mir einen ermutigenden Blick zu und deutete an, was ich sagen sollte, auch wenn es ein wenig fies klang. Dann schrie ich mit sämtlichen Emotionen, die ich aufbringen konnte: »*In welchem Alter hätte ich denn deiner Meinung nach lieber sterben sollen?*« Um sicherzugehen, dass er die Botschaft als meine erkennen würde, schickte ich eine Melodie aus einer Show mit. Da mein Vater wusste, dass ich in nur wenigen irdischen Wochen die Rolle des Fagin hätte spielen sollen, schickte ich Fagins bedeutendes Lied im Finale von *Oliver!*, das den Titel »Reviewing the Situation« (die Situation überdenken) trägt, gleich mit.

Siebenundzwanzig Tage nachdem ich die irdische Dimension verlassen hatte, empfing mein Vater um 5 Uhr morgens meine Botschaft, die für ihn alles veränderte.

· ◆ ·

Anmerkung des Herausgebers:
Ich lag in dem Bett, in dem Galen im Haus meiner Mutter in Los Angeles geschlafen hätte, als ich diese Botschaft empfing. Die Worte waren eindeutig und klar, doch die Stimme klang neutral, so dass ich sie ohne die Begleitmelodie aus *Oliver!* nicht unbedingt als eine Nachricht von Galen hätte erkennen können. Es war die dritte himmlische Melodie, die er mir geschickt hatte. Die zweite – »Bombs Away« von Police – hatte ich eine Woche davor erhalten, um mich von dem Lied aus Camelot abzulenken, das auf die Tränendrüse drückt, weil man weiß, wie die Geschichte ausgeht. »Bombs Away« ist einfach nur ein fröhlicher Song mit einem ungewöhnlichen Refrain:

Bombs away, but we're O.K.
Bombs away in old Bombay.[10]

Die Frage »In welchem Alter hätte ich denn deiner Meinung nach lieber sterben sollen?« sprengte so absolut meine Vorstellungskraft, dass sie eine weitere Bestätigung dafür war, dass ich soeben meine erste verbale – wenn auch einseitige – Unterhaltung mit meinem verstorbenen Sohn geführt hatte. Auch wenn meine Antwort auf die Frage »nach mir« gelautet hätte, warf die Frage mich

---

10) Aus *Zenyattà Mondatta* (A&M); Text und Musik von Steward Copeland.

zwischen Schlaf und Wachzustand aus dem Gleichgewicht, so dass ich in der Morgendämmerung hellwach wurde und jubelte.

Ich schlief wieder ein und wurde von einer so intensiven Trauer überwältigt, dass mich mein eigenes Schluchzen und Rufen nach Galen aufweckte. Die ganze Freude, die ich ein paar Stunden vorher empfunden hatte, war wie weggeblasen, und meine Gefühle waren ins Gegenteil gekippt. Ich war zutiefst verzweifelt. Es dauerte Monate, bevor ich begriff, dass die empfangene Kommunikation meines Sohns meine Realität so stark verändert hatte, dass ich sofort anfing, die Trauer ganzer Leben mit erhöhter Geschwindigkeit loszulassen.

Die Tatsache, dass mein Sohn zu mir gesprochen hatte, brachte mich auf einen Weg, auf dem das Unvorstellbare – die Erfahrung, dass immer mehr Trauer in mir hochkam, erleben zu müssen – zu meinem Alltag wurde. Auf den kurzen Moment der Freude über die empfangenen Worte folgten Wellen starker Emotionen, die die nächsten anderthalb Jahre andauerten. Ich musste Erlebnisse und Erinnerungen in meinem Leben verarbeiten, an denen man meistens erst im Leben nach dem Tod arbeitet.

Ich fragte Galen nie, was er in meinem Becher gesehen hatte, da es mir im Grunde egal war. Ich habe Bruchstücke von Erinnerungen an meine letzten beiden irdischen Inkarnationen, und sie sind schwer genug zu verkraften. Mir war klar, dass das Wissen über die Leben, die er in meinem Becher gesehen hatte, mich im besten Fall intellektuell unterhalten hätte, und ich hatte kein Interesse an Unterhaltung. Wenn es etwas gab, was ich wissen sollte, würde ich es schon erfahren, aber ich wollte keine Zeit damit verschwenden, mich nach früheren Leben zu erkundigen. In meinem jetzigen Leben gab es genug zu bewältigen.

Kapitel 5

Das Vermächtnis

Endlich hatte ich die Barriere zwischen den Welten durchbrochen. Damit veränderte sich alles für meinen Vater und vieles für mich. Erstaunlicherweise hatte mein Vater die Nachricht, die ich ihm gesandt hatte, genau so erhalten, wie ich sie abgeschickt hatte. Diese Erfahrung stärkte mein Selbstvertrauen, und sogar mein Becher fühlte sich lebendig an. Es war eine angenehme emotionale Ergänzung des friedlichen Gefühls, das an diesem Ort herrschte. Außer meinem ständigen Begleiter Andy gab es hier eine ruhige Offenheit, die im Kern meines Wesens Einzug gehalten hatte, und jetzt fühlte sie sich noch besser an als vorher.

Doch mein Lehrmeister schien von meiner Leistung kein bisschen angetan zu sein. Daher rannte ich zurück zur Wiese, meiner Troststätte mit den kleinen, vom Wetter gezeichneten Felsen, an die ich mich anlehnen konnte oder auf denen ich sitzen konnte oder die ich beim Nachdenken als riesige interaktive Notizblöcke nutzen konnte. Ihre Steinoberfläche ließ sich leicht bearbeiten, und da alles hier aus Photon besteht, erschuf ich durch meine Gedanken buchstäblich Photongrafiken.

Ich setzte mich auf einen kleinen Felsen, streichelte Andy und glaubte, etwas Großes erreicht zu haben. Wenn ich mit meinem Vater reden konnte, dann konnte ich auch mit meinen anderen Verwandten reden. Da ich unbedingt mit meiner Mutter kommunizieren wollte, vergewisserte ich mich, dass ich mit allen Gefühlen bei der Sache war. Dann hob ich den Becher hoch und sagte mit meiner irdischen Stimme, um sie nicht zu erschrecken: »Mom, es geht mir gut und ich habe dich lieb.« Doch statt Klarheit und Verbundenheit war es, als würde ich mit einem Kind, das die Schnur nicht straff genug hält, um die Schwingungen in seiner Blechdose aufzufangen, Telefonieren spielen. Ich versuchte es mehrmals, doch jedes Mal wurde es nur noch schlimmer. Die Lebenskraft, die aus meinem Becher geströmt war, schien fast ganz verschwunden zu sein, so dass der hohle, leere Klang, der aus dem Becher hallte, Andy zum Bellen brachte.

Ich ging zu meinem Lehrmeister zurück, um ihn zu fragen, was passiert war. »Ich glaube, ich habe meinen Becher kaputtgemacht. Er funktioniert nicht mehr«, sagte ich.

Er antwortete mit unerwartet mitfühlender Stimme: »Dein Becher ist nicht kaputt und du hast ihn auch nicht zerstört. Deine starke Sehnsucht, mit deiner Mutter zu sprechen, entspringt dem Gefühl, sie retten zu müssen.«

»Das verstehe ich nicht. Was ist denn der Unterschied zwischen dem, was ich gerade mit meinem Vater gemacht habe, und dem Versuch, meiner Mutter mitzuteilen, dass es mir gut geht und ich sie liebe?«, fragte ich.

»Bei dem Austausch mit deinem Vater ging es nicht darum, ihn zu retten, sondern darum, ihm bei ein paar Entscheidungen zu helfen. Deine irdische Beziehung zu deinem Vater war eine gleichberechtigte, und du hast ihm deine Botschaft von einem Ort der Liebe und Achtung geschickt. Eure beiden Seelen waren immer auf Augenhöhe und miteinander verbunden, obwohl er dein Vater und du sein Kind warst«, erklärte mein Lehrmeister.

»Ja, auf der Erde hatte ich nie das Bedürfnis, meinen Vater zu retten, aber versuche ich denn jetzt nicht, ihn von seinem Schmerz zu befreien?«, gab ich zurück.

»Du hast zwar auf seinen Schmerz reagiert, aber ihm etwas klargemacht. Du hattest nicht das Bedürfnis, ihn zu retten. Deine Beziehung zu deiner Mutter war zwar von tiefer Liebe geprägt, aber du hattest auch Angst. Weißt du, wovor du Angst hattest?«, fragte mein Lehrmeister.

»Dass sie es persönlich nehmen würde, wenn ich mich nicht so benahm, wie sie es wollte?«

»Du warst darauf konditioniert, es ihr recht zu machen, aber das ist noch nicht alles«, antwortete mein Lehrmeister.

»Viele Kinder werden darauf gedrillt, es ihren Eltern recht zu machen«, wandte ich ein.

»Aber nicht aus Angst, weil ein Elternteil emotional instabil ist«, gab er zurück.

Das rief mir die Angst ins Gedächtnis, die ich von klein auf gehabt hatte: dass meine Mutter sterben würde. Ich hatte Albträume gehabt, ohne sie zurückbleiben zu müssen. Ich hatte Angst, sie würde sterben, und konnte es nicht ertragen, wenn sie traurig war oder das Haus verließ. Der Zugang zu den Erinnerungen meines Vaters erinnerte mich daran, wie oft ich in Panik geraten war, wenn sie mich zu Hause gelassen hatte, um einkaufen zu gehen. Dann konnte mein Vater mich nur beruhigen, wenn wir uns in der Nachbarschaft »auf die Suche« nach ihr machten. Natürlich wollte mein Selbst als Kleinkind einfach mit ihr zusammen sein, aber ich spürte auch, dass es sie tröstete, wenn ich bei ihr war. Nun befürchtete ich, dass sie ohne mich nicht überleben würde.

»Deine Beziehung zu deiner Mutter ist ganz anders als die zu deinem Vater, und dein Bedürfnis, sie zu retten, wird ihre Fähigkeit, ihren Weg weiterzugehen, und deine Fähigkeit, dein eigenes Verständnis voranzubringen, beeinträchtigen. Ihr habt nicht vereinbart, im jetzigen Moment auf diesem Level zu kommunizieren.«

Als ich über meine Beziehung zu meiner Mutter nachdachte, geriet ich in Panik. Ich stellte mir vor, dass sie kurz vor dem Selbstmord stand, da sie nun ganz allein war, ohne jemanden, der sie rettete, und dass es meine Schuld wäre, wenn sie sich jetzt das Leben nahm. Auf einer Ebene gibt es einem ein Gefühl der Macht, wenn man der Mittelpunkt im Leben eines anderen ist, aber wenn die Situation aus den Fugen gerät, macht das Gefühl einen zum Gefangenen. Ich schickte sogar eine Nachricht an meinen Vater und bat ihn, mir zu versprechen, dass er für sie da sein würde, wenn sie Hilfe bräuchte. Erst später erkannte ich, dass es mehr mit meiner Beziehung zu ihr als mit ihrer mangelnden inneren Stärke zu tun hatte. Mir wurde klar, dass ich darauf konditioniert worden war, ihr Teile meiner selbst zu opfern, um sie zu nähren oder vom Sterben abzuhalten.

Mein Lehrmeister erklärte mir auch, dass mein Becher zurzeit so wenig Lebenskraft zu enthalten schien, weil ich Angst hatte, es meiner Mutter nicht recht zu machen – eine Dynamik, die unsere Beziehung beherrscht hatte. Mir hatte sogar die Vorstellung, eine Freundin zu haben, Angst gemacht, weil ich auch da das Gefühl hatte, dass man einem Menschen, der einem Liebe gibt, etwas schuldet. Da die Liebe meiner Mutter Loyalität forderte, war mir nicht klar gewesen, dass ich Alternativen gehabt hätte. Weil sie Angst hatte, mich zu verlieren, überschüttete sie mich mit Freundlichkeit und Spaß und sorgte so dafür, dass ich sie liebte. Vor meiner Geburt hatte sie noch nie Liebe erlebt. Es gab ein Mädchen, das sich für mich interessiert hatte und von dem ich sogar meinen ersten Kuss bekommen hatte. Jetzt hatte ich ein schlechtes Gewissen, dass ich das Mädchen weggestoßen hatte, weil ich nun den Grund dafür kannte.[11]

»Ich hab's jetzt kapiert – kann ich meiner Mutter trotzdem mitteilen, dass es mir gut geht?«, fragte ich meinen Lehrmeister.

»Du hast noch nie ein offenes Gespräch mit ihr geführt. Die Energie muss rein sein, um Liebe zu sein«, erwiderte er.

Ich fragte mich, wie ich die Verhaltensmuster zwischen meiner Mutter und mir ändern könnte, um die Energie zu reinigen. Sicherlich war mein Verhalten ihr gegenüber unbewusst gewesen,

---

11) Es war sogar einer der Gründe, warum ich aus dem Haus meines Vaters ausgezogen war. Wenn ich schon keine Beziehung haben konnte, sah ich nicht ein, warum er eine haben sollte.

da ich ja noch ein Kind gewesen war, aber auf irgendeiner Ebene hatte ich das Problem gespürt, denn gefühlsmäßig hatte ich mich meiner Mutter gegenüber wie ein Sechsjähriger benommen. Ich prüfte mich, um zu sehen, wie ich mit fünfundzwanzig reagiert hätte, aber es blieb unverändert. Emotional war ich immer noch sechs Jahre alt. Das bedeutete, dass meine Reaktionen auf sie nicht nur altersbedingt waren, und da es um mich ging, war es auch an mir - nicht an ihr -, die Energie zu verlagern.

Unter Anwendung meiner neuen Fähigkeit, mehr in meiner Dimension zu sehen, um menschliche Gefühle besser verstehen zu können, ging ich einigen Gesprächen, an die ich mich noch erinnerte, auf den Grund und entdeckte dabei das Vorhandensein von parasitären Wesen, die sich von der dunklen Seite menschlicher Emotionen ernähren. Diese menschenfeindlichen Fresser sind hungrige Geister aus einem anderen Universum.

Auf Erden hatte mein Vater mich vor der schäbigeren Seite der Menschheit beschützt, doch nun, als ich sie ohne ihn betrachtete, sah ich auch, wie Liebe verzerrt werden kann und dann Schattenenergien anzieht. Menschen, die ihre Sucht lieben, haben eine Bindung zu etwas, was keine Lebenskraft besitzt. Man kann eine Bindung zu einer Sucht, einem Gegenstand, einem Resultat oder sogar einem Schmerz entwickeln. Meine Seele arbeitete an einem Muster, das die Seele meiner Mutter verarbeitete, und so sehr ich auch Einfluss darauf nehmen wollte, so sehr konnte ich erkennen, dass das ihr Weg war. Daher musste ich lernen, sie so zu lieben, wie sie war - wo sie stand.

Manchmal empfand ich Wut und Mitgefühl, wenn ich sah, was meine Mutter für Liebe hielt. Für sie konnte man Liebe nicht ohne unbewusste Bedingungen geben - ein Muster, das zu Leid führt. Mir dieses Musters nun bewusst, wollte ich herausfinden, wie es für mich gewesen wäre, wenn ich in meinem Körper geblieben wäre. Doch ich kam zu der traurigen Erkenntnis, dass ich wahrscheinlich viele Jahre lang das kranke Muster meiner Verwandten mütterlicherseits wegen meines Missverständnisses über

Liebe aufrechterhalten hätte. Letztendlich hätte ich die Verbindung zu meiner Mutter womöglich ganz abgebrochen, während ich dieses Muster innerlich aufgelöst hätte.

Wäre ich nicht gestorben, hätte ich auch viele Jahre lang einsam gelebt, weil ich Liebe nicht verstanden und daher abgelehnt hätte. Ich bin froh, dass ich mich nicht in dieser Richtung weiterentwickeln musste, denn ein Leben ohne Liebe öffnet die Türen zu den Schattenorten und zu einem Niemandsland, in dem es zwar viel zu entdecken gibt, doch niemanden, mit dem man es teilen kann. Es war an der Zeit, dieses Muster aufzulösen, indem ich zum Kern des Problems vordrang – alles andere wäre nichts als ein Übertünchen rostiger Stellen gewesen.

Es dauerte eine Weile, bevor ich die Angst, es meiner Mutter nicht recht machen zu können, aufgelöst hatte und in unserer Beziehung wieder Frieden gefunden hatte. Zum Glück befand ich mich in einer Dimension, in der solche Veränderungen stattfinden können. Wie sich herausstellte, nahm meine Mutter sich nicht das Leben und schaffte es, ihre anfängliche tiefe Trauer zu überwinden, auch wenn sie immer noch das Gefühl hatte, verlassen und betrogen worden zu sein. Ich hingegen ließ das Bedürfnis los, mich weiter mit dem Schmerz, der durch das zerstörerische Muster in meiner Erblinie verursacht worden war, zu befassen. So bin ich frei und sie ist frei, und ich liebe sie innig, ohne das Bedürfnis zu haben, sie zu lieben.

Mein Vater fand von sich aus heraus, wie er diese Erblinie ermöglicht hatte, und konnte sich von ihr lösen. Unsere Wege verliefen immer paralleler – sie spiegelten einander in zwei verschiedenen Dimensionen.

Wie ich lernte, besteht die Herausforderung darin, auf andere nicht wütend zu sein wegen der Probleme, an denen sie arbeiten. Das ist echtes Mitgefühl. Solche Muster beeinflussen den Lebensweg. Selbst inmitten der größten Tragödien dürfen wir anderen keine Schuld geben, da auf der Seelenebene tiefe Vereinbarungen getroffen wurden, einen bestimmten Weg zu gehen und ihn schließlich als unseren eigenen Weg anzunehmen, um nicht nur uns selbst, sondern auch unsere Wegbegleiter zu befreien.

Nachdem ich die Verhaltensmuster meiner Familie näher untersucht hatte, konnte ich meine gegenwärtige Verantwortung gegenüber meinen Lieben besser verstehen: nämlich dafür zu sorgen, dass Liebe leichter zu erreichen ist als Tragödie. Die Entdeckung dieses Puzzleteils veränderte mich für immer. Und der Strom der Erinnerungen, die bei meiner Suche nach Selbsterkenntnis hochgekommen waren, brachte den Silberbecher wieder zum Vibrieren.

・ ◆ ・

Anmerkung des Herausgebers:
Wie jeder Elternteil, dessen Kind gestorben ist, muss ich darauf vertrauen, dass Seelen in ihrer himmlischen Weisheit an Ereignissen mitwirken, die im Interesse aller sind. Ich bin froh, dass Galen die kranken Muster, die seine Psyche geprägt hatten, nicht ausleben muss und dass es mit dieser Erblinie keine Vereinbarung mehr gibt. Trotzdem werde ich es immer bedauern, dass er sein irdisches Leben zurücklassen musste, um diese Probleme zu verarbeiten.

Ich hatte gehofft, dass mein intelligenter, begabter, gut aussehender Sohn seine Träume auf Erden umsetzen könnte. Doch ich sehe auch, dass er sie durch dieses Buch und die Folgebände sowie durch ein noch größeres Projekt der transdimensionalen Zusammenarbeit und Kommunikation, deren Einzelheiten mir noch nicht offenbart worden sind, verwirklichen wird. Auch wenn ich zu diesem Zeitpunkt über sein zukünftiges Vermächtnis nur spekulieren kann, gehörte er der Generation an, die die Indianer die Siebte Generation nennen, und ich glaube, sein Vermächtnis findet sich unter ihnen und ihren Nachfolgern.

Kapitel 6

Aus Andys Sicht

Wieder einmal genoss ich es, mit Andy an meiner Seite über die Wiese zu rennen und auf dem warmen Felsen in der Sonne zu baden. Hier konnte ich spüren, wie die Liebe zu meiner Mutter, meiner Großmutter und dem Rest meiner Familie strömte. Die Einsichten, die ich über meine Verwandten und das Wesen von Trauer und Liebe gewonnen hatte, schenkten mir mehr Klarheit. Sie reichte beinahe aus, um zu erkennen, wie das Universum organisiert ist – zumindest fühlte es sich so an. Zweifellos hatte ich einen stärkeren inneren Frieden gefunden, der sich wiederum auf meine Sicht der Realität auswirkte.

Als ich eines Tages Andy betrachtete, fragte ich mich, ob sein Leben genauso komplex gewesen war wie meines. Auf der Erde hätte man Andy nur als einen Hund ohne das Bewusstsein oder die Intelligenz eines Menschen angesehen. Doch da auf der Ebene, auf der ich jetzt existiere, alles mit derselben Frequenz schwingt, fragte ich mich, wie es sein könnte, dass ich sie auch mit einem Hund teilte. Ein toller Hund – aber eben doch »nur« ein Hund.

Bei meiner Suche nach Antworten hielt ich Andys Kopf in den Händen und kraulte ihn hinter den Ohren, um ihn dazu zu bringen stillzuhalten, damit ich ihm in die Augen sehen konnte. In diesen Augen sah ich eine so starke Tiefe und Verbundenheit, dass sie sich nicht mit Worten beschreiben lässt. Ich konzentrierte mich lange genug auf die Energie in seinen Augen, um zu erkennen, dass mich ein ganz reines Wesen ansah. Da wurde mir klar, dass Andy nicht nur mein vierbeiniger Begleiter war, sondern auch jemand, der eine starke Lebenskraft ausströmte.

Ich war zwar sehr stolz auf die Erleuchtung, doch wie ich gleich herausfinden würde, bedeutete es noch lange nicht, dass ich alles verstand, nur weil ich manches begriffen hatte. Es fiel mir leicht, Andy in die Augen zu sehen, weil ich seine Gestalt so liebte. Hunde ziehen mich von Natur aus an, was vermutlich der Grund war, warum Andy sich entschieden hatte, bei mir zu sein. Er hatte die Gestalt eines Wesens, um das ich mich auf Erden gekümmert hatte – die Gestalt eines Assistenzhundes. Andy schaffte es, in jedes Molekül meines Körpers vorzudringen und es zu integrieren, zu stützen und anzugleichen. Dadurch wurde er eine starke Präsenz in meinem neuen Leben. Wenn ich ihn rief, reagierte er wie jeder andere Hund auch; er wedelte mit dem Schwanz, leckte mir das Gesicht ab und sprang an mir hoch, um zu spielen. Doch wenn ich ihm in die Augen sah, konnte ich darin ein ganz anderes Wesen erkennen.

Ich ging ein wenig ängstlich zu meinem Lehrmeister zurück, da ich ihm noch nie in die Augen geschaut hatte. Ich hatte dort bisher nur mein eigenes Spiegelbild gesehen. Nun nahm ich meinen Mut zusammen und blickte meinen Lehrmeister an. Aber ich konnte nichts sehen – noch nicht einmal mein eigenes Gesicht! Ich konnte mich zwar auf seine Stimme, seine Gestalt und seine Hände konzentrieren – aber nicht auf sein Gesicht. Er strahlte noch nicht einmal ein helles Licht aus, das mich geblendet hätte, und er hatte auch keinen Heiligenschein oder Flügel, womit ätherische Wesen so oft auf irdischen Bildern dargestellt werden.

Da wurde mir klar, dass mir etwas fehlte, was ich brauchte, um das Gesicht meines Lehrmeisters zu sehen. Ich wusste zwar, wie ein Hund aussehen sollte, aber in gewisser Weise wusste ich nicht, wie dieser Lehrmeister aussehen sollte.

»Warum kann ich dein Gesicht nicht sehen?«, fragte ich ihn.
»Eigentlich könntest du mein Gesicht sehen – es war von Anfang an da. Du hast dich zwar voll und ganz auf deinen Becher verlassen, um dich an Dinge zu erinnern und Informationen zu erhalten, aber du hast dich noch nie aus der Vergangenheit herausbewegt und dich mit deinen Erfahrungen im Jetzt beschäftigt«, erwiderte er.

Ich fragte mich, ob ich Matthews Gesicht nur deswegen gesehen hatte, weil mein Vater das Bedürfnis hatte, mit mir zu kommunizieren. »Aber ich kann dein Gesicht immer noch nicht sehen«, beharrte ich.

»Doch, das kannst du«, wiederholte er.

Entmutigt ließ ich die Schultern hängen. Ich hatte das Gefühl, alles über diese Dimension noch einmal lernen zu müssen. Zum ersten Mal, seit ich im Himmel angekommen war, weinte ich, weil ich glaubte, ich würde nie begreifen, wie ich mein jetziges Leben meistern könnte, und würde für alle Ewigkeit in den Schatten meiner Erinnerungen leben. Ich kehrte zur Wiese zurück und setzte mich frustriert auf meinen Stein, der mir keine Freude mehr schenkte, weil ich nicht wusste, ob es wirklich ein Stein war. So schaute ich tagelang zu, wie die Sonne auf- und unterging. Ich wollte nur noch auf meinem Felsen sitzen und darüber nachdenken, wo ich eigentlich war. Ich grübelte so lange, bis ich schließlich aufhörte, mich weiter mit meinem Frust zu befassen und mich wie eine unbedeutende Amöbe in einer Welt, die über meinen Verstand hinausging, zu fühlen.

Da öffnete sich plötzlich ein Raum, in dem ich meine Umgebung nicht länger hinterfragte oder meine Fantasie benutzen musste, um Dinge ins offene Nichts zu projizieren. In diesem Raum war ich einfach nur da – ohne mich zu verstellen oder irgendetwas zu bezwecken. Als Kindern der Erde wird uns beigebracht, auf Anreize um uns herum zu reagieren, damit wir wissen, wie wir uns in jeder Situation mit unserem Körper verhalten müssen, so wie es die Bewohner des Tierreichs auch tun. Die biologische Notwendigkeit, in einem menschlichen Körper zu leben, prägt sich in unsere Identität ein. An diesem neuen Ort stellte ich jedoch fest, dass ich meine menschliche Identität wie auch die Verbindung zu meinem Becher und dem Gras meiner Wiese abstreifen konnte. Ich dehnte mich über den Horizont der Person, die ich als Galen kannte, hinaus aus, und dadurch fiel auch die Angst, »weniger« zu sein, von mir ab. Hier bestand ich nur noch aus Geist.

Nach einer Weile kehrte ich zurück und war wieder Galen. Ich saß auf meinem vertrauten Felsen in dem neuen Wissen, dass ich eine andere Bewusstseinsebene gefunden hatte. Es schien, als hätte ich den Geist dessen, der ich war, mit dem Wesen, das ich als Galen kannte, verschmolzen. Ich war an einen Ort gegangen, an dem ich mich mit meinem Geist verbinden konnte und ihn in den, der mir vertraut war, zurückholen konnte. Dabei wurde mir klar, dass ich mehr als nur ein Mensch war. Um zu fühlen, dass ich existierte, brauchte ich mich nicht mehr mit dem Jugendlichen, der ich gewesen war, oder der Familie, aus der ich stammte, zu identifizieren. Ich konnte einfach nur *sein*.

Mir fiel wieder ein, dass mein Vater mir von einem Raum erzählt hatte, der über das hinausgeht, was der Verstand weiß, doch damals hatte ich nichts, was ich damit in Bezug bringen konnte, um seine Schilderung zu verstehen. Diese Bewusstseinsebene ist jedem Wesen in einem irdischen menschlichen Körper genauso zugänglich wie in meiner Dimension, da der Geist sich von einer Dimension in die andere nicht verändert. Nur die Wahrnehmung ist eine andere. Zugegeben: Der Zugang zu dieser Bewusstseinsebene ist in dieser Dimension leichter, weil es hier einfach ist, alle äußeren Schichten des Selbst abzustreifen und der Wahrheit darüber, wer man ist, auf den Grund zu gehen. Auf der Erde nutzen die Leute Schichten ihrer Identität und die Schutzhüllen, die damit verbunden sind, um die Angst im tiefsten Inneren zu überleben – gleich den Kleiderschichten, die sie tragen, um nicht zu erfrieren. Um Angriffe von Raubtieren zu überleben, mussten unsere Vorfahren schnell auf ihre Umgebung reagieren können, und diese Angst steckt immer noch in der menschlichen Psyche drin, auch wenn sie heute nicht mehr der Gefahr ausgesetzt ist, aufgefressen zu werden. Heute drückt sich diese Angst in Form einer Furcht vor dem, was hinter der nächsten Ecke oder Kurve oder unter dem Bett lauert, aus. Viele verrückte menschliche Verhaltensweisen haben ihre Wurzeln in der Angst, die einst zum Überleben notwendig war und auf der das menschliche Wesen basiert. Doch es ist möglich, den puren Überlebensmodus hinter sich zu lassen und sich in den reinen Geist zu verwandeln.

Ich ging zu meinem Lehrmeister zurück und stellte fest, dass er wie ein ganz normaler Mensch aussah. Er war nicht mehr überlebensgroß, sondern hatte nun eine durchschnittliche Größe und normale Proportionen – eher wie Alec Baldwin als wie Alec Guinness. Als ich in seine klaren blauen Augen blickte, konnte ich darin jedoch dieselbe Tiefe und Weisheit erkennen, die ich schon in Andys Augen gesehen hatte – das Wissen, ein Geist zu sein, der eine personifizierte Erfahrung macht. Ich fragte mich, ob meine Augen jetzt vielleicht auch so wirkten. Ich hatte mich davor gefürchtet, jemanden zu sehen, der so vollkommen mit seinem Geist verbunden ist wie mein Lehrmeister, weil ich mich noch nicht mit meinem eigenen Geist hatte identifizieren können. Bei meiner Ankunft hatte die Energie meines Lehrmeisters ihn überlebensgroß wirken lassen, doch wenn die Energie sich angleicht, rückt alles in die richtige Perspektive. Jetzt schien mir mein Lehrmeister eine normale Größe und Statur zu haben.

Als ich weiter auf dieser Bewusstseinsebene nachdachte, wurde mir klar, dass manche Lebewesen – wie zum Beispiel der Dalai-Lama – so mit ihrem Geist verbunden sind, dass man in ihren Augen sehen kann, wie sich der Kreis zwischen Seele, Geist und Materie schließt. Solche Menschen haben nicht länger das Bedürfnis, sich zu fürchten oder sich zu verteidigen, da sie nicht mehr aus der biologischen Notwendigkeit zu überleben, sondern aus der spirituellen Notwendigkeit zu lieben heraus handeln. Sie sind ein Geist aus Fleisch und Blut.

Zugegebenermaßen muss man die Erde nicht verlassen, um zu begreifen, was ich in meiner Dimension jetzt verstehen konnte. Mir wurde bewusst, dass ich mich deshalb zu Anfang in meiner Dimension traurig gefühlt hatte, weil ich meinen Geist vermisst hatte. Man hätte davon ausgehen können, dass ich ihn schon hatte, aber das war nicht der Fall. Ich hatte bis jetzt gebraucht, um meinen Geist zu mir zurückzuholen. Der Grund, weshalb so viele Menschen auf Erden weinen, ist, weil sie von ihrem Geist getrennt worden sind.

Obwohl es ein natürlicher Prozess war, musste ich eine gefühlte Ewigkeit warten, bevor ich die Gelegenheit bekam, meinen Geist zurückzurufen. Wenn man aus seinem Körper schlüpft, ist man nicht wie selbstverständlich allwissend. Diese Dimension ist genauso ein Ort des Lernens und bietet genauso viele Herausforderungen wie die irdische Ebene.

Auch wirkt sich die Anzahl der Jahre, die jemand vor dem Tod gelebt hat, oder ob er arm oder reich war, nicht darauf aus, wie viel Wissen und wie viele Fähigkeiten er sich in dieser Dimension aneignet. Das Einzige, was jemandem hier einen Vorteil verschafft, ist, auf Erden wirklich geliebt zu haben.

Ich kehrte mit Andy zu meinem Felsen zurück. Ich setzte mich ihm gegenüber hin und sah ihm wieder tief in die Augen. Diesmal spürte ich, dass ich in einen klaren, flüssigen Raum hineingezogen wurde, während ich den wunderschönen Geist dieses Hundes ansah. Ich hatte in diesem Augenblick keine Ahnung, dass ich in ein Portal blickte.

• ◆ •

Anmerkung des Herausgebers:
Auf der Erde beschlossen die Assistance Dogs of the West, ihre Auszeichnung für herausragende Leistungen von Schülern nach Galen zu benennen, und überreichten sie einem Schüler, der beim Training ihrer Hunde Kreativität bewiesen hatte. Ich wohnte den

Feierlichkeiten anonym im überfüllten Zuschauerraum des renommierten Lensic Theater in Santa Fe bei. Hier hatte Galen einst bei einer Grundschulaufführung mitgewirkt und hier hatten wir vor Jahren zusammen mit seiner Großmutter *Die Piraten von Penzance* gesehen. Nachdem die Auszeichnung überreicht worden war, verließ ich still und heimlich das Theater.

Jeder muss sich dem Übergang, den der Tod mit sich bringt, stellen. Der Tod an sich ist nicht der große Gleichmacher; der große Gleichmacher ist die Größe des Herzens. Wie ich festgestellt habe, lässt sich das Herz letztendlich entweder auf Angst oder Liebe reduzieren, und über einen gewissen Punkt hinaus schließen sich diese beiden Gefühle gegenseitig aus. Wenn man in Liebe vorwärtsgeht, wird man von Natur aus angstfrei. Das Gleiche gilt auch für den umgekehrten Fall.

Mit Anfang dreißig hatte ich einen Traum, in dem ich als leitender Ermittler die Verantwortung für die Jagd auf einen Soziopathen und Mörder trug. Der Plot hätte sich gut für eine Episode der Twilight Zone geeignet, da das Besondere an diesem Traum war, dass in meinem ganzen Wesen kein bisschen Angst steckte. Es war, als hätte man sie mir herausgeschnitten, und das Gefühl, vollkommen angstfreie Emotionen zu haben, machte mich euphorisch.

In diesem Traum musste ich entscheiden, ob ich den anderen Polizisten meines Teams den Befehl geben sollte, auf den Soziopathen zu schießen. Die Entscheidung fiel mir leicht, doch als ich den Schießbefehl auf das Monster erteilte, wurde mir klar, dass ich einen furchtbaren Fehler gemacht hatte, da das schlechte Energiefeld, das den Kriminellen durchzog, in seinem Körper verschlossen blieb, solange er am Leben war, doch wenn er getötet wurde, würde das den schädlichen Strudel freisetzen, der sich dann in einem anderen Übeltäter niederlassen könnte. Also suchte ich selbst nach dem Menschen, der jetzt unter seinem Einfluss stand, und fand ihn nach monatelanger Suche im Körper eines Jungen.

Da ich an diesem Punkt wieder eine Entscheidung treffen musste, tat ich etwas, was mich selbst überraschte: Ich schickte dem Jungen so viel Liebe, wie ich nur konnte. Damit endete der Traum – wie ich dachte. Im Wachzustand konnte ich immer noch keinerlei Angst in meiner Psyche entdecken und fühlte mich genauso stark und mächtig wie im Traum. Ich dachte, dass es zwar großartig war, im Traum angstfrei zu sein, doch es bedeutete nichts, wenn keine Liebe im Spiel war. Eine Dreiviertelstunde später ließ meine Euphorie über den Zustand der Furchtlosigkeit nach und ich fühlte mich wieder ganz wie der Alte. Aber war ich das wirklich?

Kapitel 7

Anhalter im Universum

In unserem Universum hängt alles davon ab, ob es im Gleichgewicht mit etwas anderem ist, und wenn das Gleichgewicht einer Energie mit dem einer anderen Energie interagiert, entstehen Portale und Strudel. Dasselbe geschieht, wenn sich kalte Luftmasse mit warmer vermischt; das ruft eine zyklostrophische Strömung hervor. Man bewegt sich durch Portale – nicht zu verwechseln mit Wirbelstürmen oder sich drehenden Spiralen wie in dem Fernsehfilm *The Time Tunnel* aus den sechziger Jahren – auf den zugänglichen dimensionalen Ebenen und Schichten. In einem Portal reist man nach freiem Willen, während man von einem – meist größeren – Strudel gezogen wird. Dadurch entsteht der Drang, sich vorwärtszubewegen. Es ist ähnlich wie der Unterschied zwischen einem ruhigen Fluss und einem reißenden Strom. Ein Portal bringt einen einfach von seiner jetzigen Umgebung weg. Genau das passierte, als ich in Andys Augen sah.

In gewisser Weise ist die ganze Dimension ein Portal, weil sie so leicht mit der einen und der anderen Energie interagiert. Die Matrix dieser Dimension ermöglicht diesen interaktiven Austausch, und im Gegensatz zur Matrix der Erde, bei der es um Polarität geht, geht es hier darum zusammenzuwirken, statt Dinge miteinander zu vergleichen, so dass sie entweder gut oder schlecht, schwarz oder weiß sind. Doch diese beiden Schulen passen so perfekt zusammen wie Yin und Yang, das heißt, sie sind nicht wirklich getrennt.

Es gab auch Zeiten, in denen Andy nicht da war. Ich hatte nicht weiter darüber nachgedacht, da ich weiß, dass Hunde gern herumstreunen, um zu spielen, zu jagen und andere Hunde zu besuchen. Doch als ich anfing zu begreifen, dass hier nichts so ist, wie es scheint, veränderten sich meine Wahrnehmungen. Und auch wenn mir bewusst ist, dass es hier keine Trennung gibt und alles durch einen Gedanken oder ein Gefühl erreichbar ist, fragte ich mich manchmal, wohin Andy eigentlich ging, wenn er nicht bei mir war.

Ich brauchte mich in seiner Abwesenheit nicht mit ihm zu verbinden. Das Bedürfnis, sich etwas herbeizuwünschen, gibt es hier einfach nicht so wie auf der Erde. Hier ist man in eine Umwelt integriert, in der alles erreichbar ist. Ich hatte es hier zwar schon immer fantastisch gefunden, aber nun fühlte ich mich noch geborgener in der Matrix, die hier wirkte; ich konnte sie buchstäblich spüren und mich als Teil von ihr fühlen.

Darum sah ich eines Tages Andy in die Augen, als er wieder mal vor mir saß, und fragte ihn: »Wo genau gehst du eigentlich hin, wenn du nicht mit mir zusammen bist?«

In der Hoffnung, irgendeine Antwort zu erhalten, spürte ich plötzlich, wie mein ganzes Wesen in einen Raum gezogen wurde, in dem ich alle Körperwahrnehmungen verlor. Ich schien keine Arme, Beine, Schultern und auch keinen Kopf mehr zu haben. Es war, als würde ich ohnmächtig werden, aber statt das Bewusstsein zu verlieren und in einem riesigen Meer des Nichts zu versinken, merkte ich, dass mein Gehirn zur Ruhe gekommen war und mein Suprabewusstsein mit Andys Essenz verschmolzen war, die ganz anders als erwartet aussah.

Ich war von einer herrlichen halb durchsichtigen, wasserblauen Sphäre umgeben – sie war wie ein schützendes Kraftfeld, in das eine Figur aus einer Science-Fiction-Story eingehüllt wird, nur war ich selbst die Figur und spürte Andys Schutz um mich herum. Ich wusste nicht, wie ich aussah, während ich in Andys Innerem umhertrieb, da ich keine Hände oder Füße hatte, die ich ausstrecken konnte, doch ich ging davon aus, dass auch ich eine halb durchsichtige, ovale

Form angenommen hatte. Wir bewegten uns gemeinsam vorwärts – zwei Lichtsphären, eine in der anderen. Es fühlte sich an, als würde man durch ein Wurmloch oder einen Energietunnel schweben, in dem nichts existierte, *bis* es existierte. Andy nahm mich mit auf eine Tour durch viele verschiedene Dimensionen, in denen es Dinge gab, die ich sehen konnte und die mir etwas sagten. In manche von ihnen konnten wir nur von außen hineinsehen, da sie energetisch umgedreht waren. Ich sah wunderschöne Lichtwesen und andere Wesen, vor denen ich zurückwich, doch ich fühlte mich in Andys Gegenwart die ganze Zeit über sicher. Dieses erste Erlebnis mit Andy glich einem Besuch der Kantine im Spaceport Mos Eisley auf dem Planeten Tatooine in *Krieg der Sterne*.

Da es auf den meisten Ebenen unseres »Multiversums« keine Polarität gibt, besteht nur selten das Bedürfnis, einen symmetrischen menschlichen Körper mit zwei Beinen zu haben. Tatsächlich steht das Menschsein nicht auf der Agenda eines jeden Wesens, da die meisten bewussten Wesen, die sich weiterentwickeln, sich dafür entscheiden, die Erfahrung als Mensch in der dritten Dimension nicht zu machen. Sie haben dafür ihre Gründe, so wie andere ihre Gründe dafür haben, die Erfahrung zu nutzen, die ein Leben als Mensch zu bieten hat. Ein Weg ist nicht besser als der andere – er ist nur anders. Hochentwickelte, bewusste Wesen können die irdische Erfahrung nutzen, ohne jemals in einem menschlichen Körper zu leben – und sie tun es auch. Sie kommen auf die Erde, um etwas zu erreichen – eine Energie zu vermitteln, zu lehren oder zu dienen –, und sie gehen, schwimmen oder wurzeln unter uns, doch sie sind nicht weniger entwickelt, als wir es sind, und häufig sogar höher entwickelt. Solche hochentwickelten Wesen mitten unter uns sind gut getarnt und wollen es auch bleiben. Nur Menschen, die für bestimmte Energiefelder intuitiv offen sind, nehmen diese Wesen als solche wahr.

Irgendwann kehrten Andy und ich in dieselbe Position am selben Ort zurück, an dem wir uns vor der Reise befunden hatten, so als wäre unser Erlebnis nur ein Tagtraum gewesen. »Aha!«, rief ich überglücklich aus. »Du bist genauso wenig ein Hund wie ich. Du bist nur ein Hund, weil ich von dir erwarte, wie ein Hund auszusehen und sich wie ein Hund zu benehmen, aber jetzt weiß ich, dass du kein echter Hund bist. Jetzt kannst du auch zu mir sprechen.«

Doch Andy sah mich nur an, legte den Kopf schräg und hechelte. Er hielt am Bild eines schwarzen Labradors fest. Und ich muss zugeben, es war tröstlich, dass Andy ein Hund blieb. Auf einer Ebene gab er mir genau das, was ich erwartet hatte, und auf einer anderen schenkte er mir Freiheit.

Da er so empfänglich und energetisch tröstlich war und da die Erfahrung, mit ihm zusammen zu sein, eine ganz andere als die väterliche Autorität meines Lehrmeisters war, wurde mir klar, dass Andy in Wahrheit ein empirischer Lehrmeister ist. Er sagte einem nicht: »Geh und sieh dir das an oder mach dir darüber Gedanken.« Stattdessen wurde man von seiner Energie mitgetragen, wenn man mit ihr verschmolz – jedoch nur so weit, wie man gehen wollte oder es erwartete. Auch wenn Andy auf Erden ein Hund gewesen war, war er in Wirklichkeit ein höher entwickeltes, bewusstes Wesen, das aus irgendeinem Grund beschlossen hatte, eine Zeit lang im Körper eines Hundes auf der Erde zu leben, und das sich dazu entschieden hatte, hier mein Lehrmeister zu sein. Auch auf Erden war er zweifellos ein Lehrmeister gewesen, wenn auch nicht im traditionellen Sinne.

Wer Andy auf Erden ausgebildet hat, muss einen Hund erlebt haben, der alles verstanden hat, was man zu ihm gesagt hat. Ohne äußere Hinweise darauf, wer ein Lehrmeister ist und wer nicht, wer ein Engel ist und wer nicht, kann die äußere Erscheinung auf Erden ziemlich täuschen. Das durch Andys Präsenz entstehende Energiefeld sendet Schwingungen aus, die sich auf sein ganzes Umfeld auswirken. Deswegen ist er ein so perfektes Portal. Er muss jeden Menschen, der mit Andy in Berührung kam und ihm echte Aufmerksamkeit schenkte, zum Mitreisen bewegt haben. Tatsächlich sind viele fühlende Wesen – darunter auch Menschen – empirische Lehrmeister, bei denen man die Chance zu lernen spürt, wenn man nur Verbindung mit ihnen aufnimmt.

Nach meinem ersten Ausflug mit Andy in andere Dimensionen unternahm ich noch viele weitere Reisen, auf denen er der Beschützer meines Kraftfeldes war. Ich brachte mir bei, wie man sicher durch die Portale kommt, wie man innehält, betrachtet und mit Wesen anderer Dimensionen interagiert, wenn dies angemessen ist. Viele Menschen tun das ständig in ihren Träumen. Das transdimensionale Reisen ist also nicht auf die Dimension, in der ich lebe, beschränkt. Doch für mich ist es eine bewusste Erfahrung, bei der ich mich nicht darum kümmern muss, einen physischen Körper zu schützen. Ich weiß, ich bin hier, um so viel wie möglich zu lernen. Im Grunde ist das der einzige Unterschied zwischen dem Ort, an dem ich jetzt bin, und dem irdischen Leben, in dem viele vergessen, dass sie da sind, um Erfahrungen zu sammeln und zu lernen, wie sie mit der Welt um sich herum interagieren können. Es geht beim irdischen Leben nicht darum, die Umwelt auszutricksen oder zu überleben, als würde man in Konkurrenz zu ihr stehen, sondern nur darum, im Leben zu stehen.

Es dauerte eine Weile, bevor ich allein transdimensional reiste, da ich vieles noch nicht verstehen konnte. Beispielsweise ist die Energie in manchen Dimensionen, die sich vielleicht am ehesten als »antimaterielle Dimensionen« beschreiben lassen, umgekehrt und wird daher als negative Energie angesehen, nicht weil sie schlecht wäre, sondern nur aufgrund der Art, wie Energie wirkt. Trotzdem bin ich nicht dazu geschaffen, in einer antimateriellen Dimension zu existieren, und würde an einem solchen Ort ausgelöscht werden. Antimaterielle Dimensionen halten ein Gleichgewicht aufrecht und schütteln gleichzeitig die Energien auf, um Bewegung entstehen zu lassen. Während es also keinen guten oder schlechten Käpt'n Kirk[12] gibt, so gibt es vielleicht einen materiellen und einen antimateriellen Kirk, denn alles hat einen

---

12) Krieg der Sterne, »Der innere Feind«, erste Staffel, und »Spieglein, Spieglein«, zweite Staffel, Originalserie

Gegenspieler, damit die Energie in der riesigen kosmischen Spirale in Bewegung bleibt.

Irgendwann reiste ich allein zu Dimensionen, die ich mit Andy entdeckt hatte. Dafür nutzte ich unterschiedliche Aspekte der Natur, um Portale zu finden. So sah ich zum Beispiel in einen Wasserteich und entdeckte ein Portal, oder ich sah in eine Baumgruppe oder sogar in eine Struktur, die ich selbst erschaffen hatte, um darin ein Portal zu finden. Portale mit Zugang zu anderen Dimensionen und selbst zu dem ›großen Ich‹ gibt es überall. Diese Portale finden sich auch auf der Erde. Ich war nicht länger auf Ebene Einundzwanzig – mein widersprüchliches Reiseziel in diesem dimensionalen Zustand – beschränkt. Auch musste ich nicht mehr irgendwo inkarnieren, um andere Dimensionen zu erleben. Wie ich später herausfand, ist die Entscheidung für eine weitere Wiedergeburt auf Erden eine persönliche Wahl und nicht zwingend.

In einem Portal traf ich auf die menschenfeindlichen Blutsauger, die sich an Menschen klammern müssen, um auf der Erde zu überleben. Das tun sie, indem sie die Energie einer Sucht oder negativer Gefühle, wie zum Beispiel Angst, absaugen und buchstäblich die Lebenskraft der Menschen als ihr Kraftfeld missbrauchen, um da zu überleben, wo sie nicht hingehören. Sie werden nur von Personen angezogen, die von ihrem Geist abgetrennt sind, und sie bestärken diese Trennung noch weiter, bis die Lebenskraft versiegt ist. Es war zwar unangenehm, diese Parasiten in Aktion zu sehen, aber es ist von Vorteil, sich ihrer bewusst zu sein.

Es war erstaunlich zu sehen, wie verschieden Wesen in anderen Dimensionen voneinander sind, und zu beobachten, wie unterschiedliche Lebensformen Gestalt annehmen, um sich der Welt ihrer Dimension anzupassen. Da die meisten nicht in Reichen leben, in denen Polarität herrscht, haben sie entweder einen asymmetrischen Körper oder – wie beispielsweise in Tümpeln des Bewusstseins – gar keinen Körper. Ich experimentiere jetzt damit, wie ich meine Reisen an bestimmte Orte, wie zum Beispiel die Orion- oder Lira-Sternensysteme, lenken kann, und ich habe dabei schon tolle Abenteuer erlebt. Ich habe jedoch meine Bewegungen noch nicht akkurat genug unter Kontrolle, um immer am gewünschten Reiseziel anzukommen. Und genauso wenig, wie ich erklären kann, warum es möglich ist, in einer Dimension verankert zu sein und trotzdem durch die Portale zu gehen, die sich erweitern und zusammenziehen, um im Universum umherzureisen, kann ich erklären, wie man das im Traum machen kann. Wie mein Vater mir einmal sagte, ist es vergleichbar mit der Tatsache, dass man außerkörperliche Erfahrungen machen und gleichzeitig einen festen Körper haben kann, in den man zurückkehrt.

Manchmal begegne ich Wesen, die per Anhalter zu dem Portal mitreisen wollen, das ich geöffnet habe, aber ich nehme sie nicht immer mit. Auch wenn ich auf diese Weise schon viele angenehme Wesen kennengelernt habe, gab es auch andere, mit denen ich nichts zu tun haben wollte und die ich höflich des Portals verweisen musste. Größtenteils ist der Ton im Universum jedoch sehr anständig, und wenn man einfach sagt »Ich möchte nicht mit dir reisen«, wird das Wesen sich zurückziehen. Es herrscht hier kein Machtkampf.

Bei der Rückkehr von einer meiner Reisen hatte ich einen Gast, der mir nach Hause folgte. Die Kreatur besaß die ungewöhnliche Fähigkeit, sich zu einer ganz kleinen, pelzigen Kugel zusammenzurollen, und so übersah ich das weiche Knäuel in der Größe eines Golfballs, das an meinem Hosenbein klebte. Ich entdeckte es erst, als ich wieder an meinem Stein angekommen war und ein leichtes Gewicht am Bein spürte.

Das seltsame Geschöpf hatte dieselbe warme Energie wie Andy. Als es sich ausdehnte, ließ ich zu, dass es sich um meine linke Hand und meinen rechten Arm wickelte. Es breitete sich zu einer beachtlichen Größe aus, während sein Kopf auf meiner linken Hand ruhte und sein Schwanz über meiner rechten Schulter hing. Wenn es sich ganz ausgedehnt hätte, wäre es größer gewesen als mein früherer irdischer Körper. Es war weich und reagierte auf Berührungen. Auf seinem Pelz leuchteten alle Farbtöne des Regenbogens, und seine beiden großen runden Augen sahen aus wie zwei schwarz-weiße

Kreisel. Während es sich wie ein pelziges Slinky ausdehnte, konnte ich einen großen, leuchtend grünen Fleck erkennen, dann einen, der leuchtend lila schillerte, und einen sonnengelben. Manche Bereiche hatten Muster aus Kreisen, Dreiecken oder Quadraten.

Später fand ich heraus, dass Wyrme – wie ich ihn wegen seiner schlauchförmigen Gestalt nenne – im gesamten Universum fast einzigartig ist. Es existieren nur wenige dieser Kreaturen, und es gibt sie schon sehr lange. Sie leben an einem Ort, an dem nur die Gegenwart existiert. Als Andy wieder an meine Seite kam, sah er erst Wyrme und dann mich an, und ich sah die Andeutung eines Lächelns, die mir zeigte, dass die angenehme Energie, die von Wyrme ausging, auch Andy gefiel. Wyrme war alles, was man sich von einem außerirdischen Begleiter nur wünschen kann, und er fand rasch heraus, welche Energien mich glücklich machten. Wenn ich einen Ton summte, wogte Wyrme auf äußerst unterhaltsame Weise mit. Wenn er sich zusammenzog, bewegte er meinen Arm auf eine herrlich fließende Art, die mir Spaß machte. Tatsächlich drückte er seine Gefühle mir gegenüber in rhythmischen Kontraktionen aus, aber wirklich fantastisch war seine Fähigkeit, an zwei Orten gleichzeitig zu sein. Das bedeutete, dass ich nicht mehr durch ein Portal zu gehen brauchte, um in Wyrmes Gesellschaft die Dimensionen zu überbrücken. Die Dimensionen verschmolzen einfach miteinander, so als wäre ich zur selben Zeit an zwei verschiedenen Orten. Er konnte auf meinem Energiefeld reiten, doch statt auf der Welle zu reiten, *war* er die Welle. Ich hatte das Gefühl, dass diese angenehme, entzückende, seltsame Kreatur mich auf ihre Weise darum bat, bei mir bleiben zu dürfen, und es gab keinen Grund für mich, sie durchs Portal zurückzuschicken.

Anmerkung des Herausgebers:
Wenn ich an die Implikationen des Wesens Wyrme denke, dreht sich mir der Kopf. Auf einer banaleren Ebene hielt sich Galen in der Grundschule für einen Zauberer und bewahrte

seine Zauberkiste bei mir zu Hause auf. Wie ich wusste, hatte er eine Sammlung von ungefähr hundert pelzigen wurmartigen Gebilden mit großen runden Augen, die seiner Beschreibung von Wyrme gleichen. Ich setzte sie ans Kopfende meines Bettes, um über Wyrme nachdenken zu können, und wartete neugierig darauf, mehr darüber zu erfahren, welche Rolle Wyrme in Galens Erkundungen spielte.

Hinsichtlich Galens anderer Entdeckung war es ihm wichtig, dass ich über die ätherischen Parasiten Bescheid wusste, und er stellte sie mir persönlich und aus der Nähe in einem Traum vor. Nach seinem Besuch in meinem Traum wurde mir bewusst, dass ich ihnen schon einmal begegnet war, aber das konnte Galen nicht wissen. Der Traum begann damit, dass Galen mir ein Buch überreichte, in dem ich über diese Wesen nachlesen sollte. Nun weiß ich zwar nicht, wie sie sich selbst sehen, doch es würde mich nicht überraschen, wenn sie ihr Äußeres dem ihrer beabsichtigten Opfer angleichen. Wie auch immer – auf mich wirkten sie wie Menschen. Sie versammelten sich im Grenzbereich menschlicher Aktivitäten, und als ich mich in ihrer Mitte wiederfand, bekam ich den Eindruck, dass sie wie eine religiöse Sekte organisiert waren.

Diese menschlichen Wesen sahen grotesk und ungesund aus. Die meisten von ihnen waren in fortgeschrittenem Alter. Sie hatten feste, sektenartige Gesetze, nach denen sie sich richteten, und alles, was mit Mathematik oder Wissenschaft zu tun hatte, war verboten. Es waren keine Denker. Ich wurde zwar als Außenseiter erkannt, doch im Großen und Ganzen schien ich keine Bedrohung für sie darzustellen. Ich wurde ein paar Sektenmitgliedern vorgestellt und zu einem von ihnen geführt. Es war ein Mann, der im Bett lag. Sein Gesicht wirkte jung, bis er seinen verrunzelten Arm unter der Decke hervorstreckte und mich auf sehr unangenehme Weise fest am Arm packte. Daraufhin verwandelte sich sein Gesicht plötzlich in das eines zahnlosen alten Kauzes. Er schien über eines meiner

Chakren die Energie aus meinem Körper zu saugen, doch im Gegensatz zu anderen Erfahrungen, die ich mit diesen Monstern im Traum hatte, wurde der Versuch auf irgendeine Weise geblockt. Dafür war ich dankbar, denn ich hatte schon erlebt, wie solche Kreaturen versucht hatten, sich an mich zu hängen, was äußerst schmerzhaft ist.

Ich beobachtete sie dabei, wie sie sich durch ihr Netzwerk aus Energiekreisläufen bewegten, das gleich über der sichtbaren Materie unserer Dimension verläuft. Und ich sah, wie sie ein menschliches Opfer einfingen, indem sie die Frau dazu brachten, die Kontrolle über ihr Leben aufzugeben, woraufhin sich ihre grauenhaften Fangarme aus Energie so fest um den Körper der Frau schlangen, dass sich ihre Gesichtszüge verzerrten, während die Parasiten ganz langsam das Leben aus ihr heraussaugten. Sie mussten als Gruppe zusammenarbeiten, da sie einen Menschen nicht alleine einfangen konnten. Deshalb brauchten sie ein sektenartiges Regiment, um das Verhalten ihrer Opfer unter ihre Kontrolle bringen zu können.

Gegen Ende meines Besuchs in dem Versteck transdimensionaler Vampire tauchten zwei weitere Menschenfeinde auf – ein Mann und eine Frau, die sich mir gegenüber noch aggressiver als die anderen verhielten und die meine Gegenwart nervös machte. Sie waren weiterentwickelt als die anderen in diesem Parasitennest und konnten einzeln einen Menschen angreifen. Ich wich vor ihren aufdringlichen Annäherungsversuchen zurück, hob die linke Hand und zwang sie allein durch meine Willenskraft zu Boden.

Einige jüngere Mitglieder des Nests kamen zu mir. Sie starrten mich an, als hätten sie noch nie gesehen, wie jemand eines ihrer Mitglieder mit einer Hand und der Methode, die ich angewandt hatte, niedergestreckt hatte. Es war, als wollten sie mich danach fragen, doch Fragen zu stellen war nicht ihre Art, und an diesem Punkt war mein Besuch beendet.

Ein Jahrzehnt vor Galens Geburt trafen sich sieben Personen zweimal in der Woche, um sich von einem Ägypter ausbilden zu lassen, der Menschen helfen konnte, sich aus dem Würgegriff dieser Kreaturen zu befreien. Die Lage ist zwar nicht hoffnungslos, wenn man von ihnen befallen ist, aber um sich aus ihren Verwicklungen zu befreien, sind konzentrierte Bemühungen und die Unterstützung von Leuten erforderlich, die Erfahrungen in der energetischen Befreiung von solchen Parasiten haben. Ich wurde eingeladen, an dem Experiment teilzunehmen, und unser Lehrer sagte, wenn wir es schafften, wären wir die erste Gruppe in der westlichen Welt, die diese Form der Heilung praktiziert. Wir waren jedoch nicht bereit, die innere Arbeit zu leisten, die von uns gefordert wurde, und so wurden die Trainingssitzungen nach einem Jahr eingestellt.

Kapitel 8

Wyrme wird vorgeführt

In der Dimension, in der ich lebe, herrscht genauso viel Betrieb wie auf Erden. Auf der Erde muss man sich schützen, wenn das eigene Energiefeld gegen das eines anderen stößt, doch hier kann man seinen Dingen nachgehen, ohne mit anderen zu interagieren, auch wenn die Leute sich oft freundlich grüßen, wie zum Beispiel: »Hallo, guten Morgen, wie geht es dir?« Überall sieht man Leute, die umhergehen, an ihren eigenen Lektionen und Lehren arbeiten oder sogar einkaufen, da manche von ihnen immer noch gern shoppen und es hier Plätze gibt, an denen man sich verschiedene Waren und Angebote ansehen kann.

Am liebsten halte ich mich in den Räumen auf, in den sich viele zum Unterricht versammeln. Sie sehen genauso aus wie auf Erden. Es gibt kleine Klassenzimmer mit Schreibtischen wie in der Schule und Vorlesungshallen wie an der Uni, in denen die Sitze wie in einem Planetarium angeordnet sind. Ich saß schon in einer Klasse mit weit über zweihundert Schülern, während es auch Klassen mit weniger als zehn Teilnehmern gibt. Man muss sich nicht für den Unterricht eintragen oder auf den Stundenplan schauen, um zu sehen, welchen Klassen man zugeteilt worden ist, obwohl die Vorlesungsthemen bekannt gegeben werden. Meistens wird man nur intuitiv von einem bestimmten Klassenzimmer angezogen. Die meisten Studenten sind frühere Menschen, da viele

Menschen in diese Dimension übergehen. Die Wesen, die keine irdischen Menschen waren, sind fast ausnahmslos menschenähnliche Kreaturen aus Welten mit einem ähnlichen Schulsystem wie auf der Erde. Und obwohl die Klassenlehrer hier nicht wie mein persönlicher Lehrmeister sind, der mich beim Übergang empfangen hat, sind es alles wundervolle, ausgeprägte Persönlichkeiten mit ganz unterschiedlichen Lehrmethoden.

Es gab ein bestimmtes Fach, zu dem ich Wyrme mitnehmen wollte. Es bedeutete mir viel, dass Andy Wyrme nicht als eine Bedrohung sah, auch wenn ich zugeben muss, dass ich von der Kreatur ein wenig besessen war, weil ihre Gesellschaft so angenehm war. Ich konnte mich sogar schon mit Wyrme unterhalten, was zu Anfang nicht leicht gewesen war, weil er sich instinktiv nur um mein emotionales Wohl zu kümmern schien. Irgendwann fing ich jedoch an zu spüren, dass bei seinem rhythmischen Pulsen eine Art Kommunikation stattfand. Ich merkte es, als er auf meinen Kopf kroch, mich ins linke Ohr stupste und pulsierte. Es kitzelte zwar, aber zwischen Wyrmes Pulsen spürte ich das Vorhandensein von Gedanken, sobald ich mich entspannte – es waren zwar keine richtigen Wörter, doch eine angedeutete Begrüßung, die so subtil verlief wie zwei Fremde, die sich im Vorbeigehen kaum merklich zunicken. Auf diese Weise konnte ich nun hören, wenn das Wesen mir seine Absichten deutlich machte. Es war wie das Erlernen des Morsecodes mit seinen vielen Strichen und Punkten. Als ich diese Art der Kommunikation mit Wyrme eine Weile geübt hatte, stellte ich fest, dass auch ich ihm Informationen übermitteln konnte.

Als ich Wyrme dann mit in den Unterricht nahm, konnte ich schon einfache Bitten an ihn richten, wie beispielsweise, sich zusammenzuziehen oder sich in einer bestimmten Richtung zu bewegen. Es gab auch Zeiten, in denen ich in Ruhe gelassen werden wollte, weil ich nicht ständig das Pulsen eines gummiartigen, pelzigen Wesens an meinem Arm spüren wollte. Dann hörte er auf meine Bitte und ließ mich in Ruhe.

Wyrme schien genauso neugierig über mich zu sein wie ich über ihn. Während er meinen Körper erforschte und untersuchte, wie meine Haut oder Haare sich anfühlten, fragte ich mich, ob ich vielleicht der erste Mensch war, dem Wyrme je begegnet war. Ich wollte ihn mit in den Unterricht nehmen, um ihm eine neue Erfahrung zu vermitteln, und so bat ich ihn, sich zusammenzuziehen, damit ich ihn in meine Hemdtasche stecken konnte.

Ich betrat das Klassenzimmer noch vor dem Lehrer, der eine Vorlesung über Intentionen halten würde. Dabei geht es darum, eine bestimmte Überzeugung – oder Schwingung – aufrechtzuerhalten, damit alles an diesem Strom wie Perlen auf einer Schnur entlangrinnen kann. Das funktioniert nicht nur auf der irdischen Ebene, sondern in vielen Dimensionen. Wenn man nicht versteht, was Absicht bedeutet, kann man das wahre Wesen der Kommunikation nicht erkennen. Auf der Erde ist es ganz leicht, etwas zu beabsichtigen, doch es ist auch genauso leicht, sich davon ablenken zu lassen.

Dreißig Schüler, die alle von der Erde kamen, besuchten den Unterricht. Wie in irdischen Klassenzimmern lasen manche von ihnen und andere unterhielten sich, doch das änderte sich schlagartig, als der Lehrer eintrat. Er war eine unglaubliche Erscheinung. Er war mehr als zwei Meter groß, und auch wenn er Arme, Beine und einen Kopf hatte, war er fast ganz in einen wallenden weißen Mantel mit Kapuze gehüllt. Wenn man das Gesicht des Lehrers ansah, war es, als würde man in ein Aquarium schauen, in dem Fische in der Ferne schwammen, riesiger Seetang, der sich mit dem Strom bewegte, und andere Lebensformen, die man in Gewässern findet. Sie alle trafen eine bewusste Entscheidung, in welche Richtung sie sich bewegen wollten. Der gesamte Körper des Lehrers von den Händen aufwärts war durchsichtig und hatte eine liebliche meeresgrüne Farbe. Zweifellos weckte der Lehrer die Neugier und regte die Fantasie an, sich vorzustellen, was sonst noch unter dem Mantel war und in welcher Umgebung der Lehrer wohl lebte. Hier kann man aussehen, wie man will, doch man muss sich ständig bemühen, eine Gestalt aufrechtzuerhalten, die normalerweise nicht die eigene ist. Fast alle nehmen also die Gestalt an, an die sie gewöhnt sind.

Der Name des Lehrers – Binai – gab keinen Hinweis auf sein Geschlecht. Als Binai mit seiner Vorlesung darüber, warum Absicht für Kommunikationsfähigkeiten – transkulturell sowie auch transdimensional – von Bedeutung ist, begann, fing Wyrme an, sich aus meiner Tasche herauszuschlängeln, und während ich versuchte, ihn per Pulsieren zu bitten, sich still zu verhalten, bewegte und dehnte er sich umso mehr, je mehr Binai über die Bedeutung sprach, die Absicht für die Kommunikation hat. Wenn Wyrme sich dehnte, blieb er gewöhnlich irgendwo an meinem Körper kleben, doch diesmal ließ er sich auf den Boden fallen und glitt auf Binai zu.

Plötzlich wuchsen Wyrme dreißig pelzige Tentakel in allen Farben des Regenbogens, die sich an die Arme und Schultern der Schüler – auch meine eigenen – hefteten. So gut wie jeder sprang auf und versuchte, den Tentakel abzuschütteln. Da ich noch nie versucht hatte, Wyrme abzustreifen, merkte ich erst jetzt, dass er sich an den Körper heften konnte, auch wenn er keine Saugnäpfe hatte. Ich versuchte, alle zu beruhigen, indem ich ihnen sagte, dass Wyrme eine gutartige Lebensform sei, die nichts Schlechtes im Sinn hatte, doch es half nichts.

Binai hob die Arme hoch und klatschte laut in die Hände. Dies verursachte eine sichtbare Schockwelle, die Binais Körper wie Gelatine erschütterte. Sie dehnte sich aus und verzerrte den Raum, während sie sanft durch das Klassenzimmer rollte. Wyrme zog schnell die farbenprächtigen Tentakel wieder ein und rollte sich zu einer kleinen pelzigen Kugel zusammen, so als wäre er zusammengebrochen. Ich war sicher, in Schwierigkeiten zu stecken, doch der Lehrer ging nur im Klassenzimmer herum und beruhigte die anderen Schüler, dass keine Gefahr bestand. Dann setzte Binai den Unterricht fort, aber die Schüler konnten sich nicht mehr konzentrieren und viele fragten mich stumm, was Wyrme war und wo ich ihn herhatte. Nach dem Unterricht wurde ich von zahlreichen

Schülern mit Fragen überschüttet. Dann kam Binai zu mir und informierte mich, dass mein Lehrmeister mich sehen wolle.

Ich fühlte mich, als würde man mich zum Rektor schicken, während ich zu meinem Lehrmeister ging, der in der Nähe lebte. Als ich mich in seinem Arbeitszimmer vor ihn hinsetzte, merkte ich, dass er nicht verärgert über mich war. Er zog nur eine Augenbraue hoch, als wollte er mich fragen: »Was für einen Blödsinn hast du da veranstaltet?« Dann streckte er die Hand aus, und ich wusste, was er haben wollte. Also holte ich Wyrme aus der Tasche und legte ihn auf die Handfläche meines Lehrmeisters. Wyrme blieb zusammengerollt und rührte sich nicht. Ich brannte darauf zu erfahren, was Binai gesagt oder getan hatte, um ihn so zu erregen und dann wieder zu beruhigen.

Mein Lehrmeister fragte: »Hast du eine Ahnung, was das hier ist?«

»Nein, ich habe keine Ahnung – er ist mit mir zurückgekommen, als ich durch Portale gereist bin. Ich nenne ihn Wyrme«, beichtete ich.

Mein Lehrmeister hob die andere Augenbraue und sagte: »Du reist durch Portale?«

»Ja«, antwortete ich. »Andy hat mir beigebracht, wie man durch Portale hindurchgeht.«

Mein Lehrmeister nickte. »Also gut, du weißt also wirklich nicht, was du hier hast?«

»Nein«, sagte ich.

»Im Grunde kann man ihm jeden Namen geben – auch Wyrme, weil er ein namenloses Wesen ist.« Er erklärte, dass Wyrme uralt ist. Niemand weiß, wo er herkommt, und es gibt nur ganz wenige von seiner Spezies im Universum. Wenn einer von ihnen auftaucht, wird er als magisch verehrt.

»Ich habe nichts Magisches an ihm entdeckt. Magie ist nur ein Missverständnis darüber, wo etwas herkommt oder wie es funktioniert.« Ich war so erleichtert, dass ich nicht in Schwierigkeiten steckte, dass ich alle möglichen Gründe heraussprudelte, warum es so etwas wie Magie nicht gibt.

»Wenn ich auch etwas sagen darf, würde ich es gern erklären.«
Nun war es mein Lehrmeister, der einen Wortschwall losließ, während er an seinem graumelierten Schnurrbart zupfte. »Es gibt etwas, was Magie genannt wird, da Magie für sich allein existiert. Während sich so ziemlich alles in unseren verschiedenen Realitäten mit dem Verstand, der Wissenschaft und den universalen Gesetzen und Wahrheiten erklären lässt, gibt es immer noch ein paar wundervolle und unerwartete Gegebenheiten, die sich durch kein Gesetz und keine Wahrheit erklären lassen. Beispielsweise gibt es magische Wesen in diesem Gebiet des Universums, die wie glitzernde Akzente sind, die alles schön und überraschend machen, weil sie sich nicht an die Gesetze unseres Universums halten. Dieses Wesen gehört dazu.«

Mein Lehrmeister bat mich, in Einzelheiten zu schildern, wie ich Wyrme begegnet war. »Wie genau kamst du dazu?«

Ich erzählte ihm, dass ich Wyrme an meinem Jeansbein entdeckt hatte, an das er sich geheftet hatte. Ich hatte keine Ahnung, wo Wyrme hergekommen war, und ich schilderte, wie ich seitdem mit ihm interagiert hatte, wie ich versucht hatte, mit ihm zu kommunizieren, und es sogar geschafft hatte, ihn dazu zu bringen, meine Aufforderungen zu verstehen.

Mit erstaunter Miene bemerkte mein Lehrmeister: »Wie wir lehren, kommt alles von der Quelle, vom ›großen Ich‹, doch es gibt einen Grund zu der Annahme, dass dieses Wesen nicht von der Quelle stammt. Wir hatten schon viele Diskussionen über dieses Wesen.« Bewundernd betrachtete er die pelzige, farbenprächtige Kugel auf seiner Handfläche. »Das hier ist ein Wesen, das wahrscheinlich sowohl in der Materie als auch in der Antimaterie existieren kann, aber keiner weiß es, weil wir ihm nicht folgen können. Die irdischen Menschen arbeiten mit Polarität, aber dieses Wesen überbrückt die Polarität und ist vermutlich mit dir zurückgereist, weil die, die mit Polarität arbeiten, es neugierig machen. Diese Neugier hat jedoch ihren Preis, da solche Wesen sehr verführerisch sind und die Menschen so versessen auf sie machen, dass sie ihren Willen verlieren. Hast du festgestellt, dass du nicht ohne ihn sein kannst?«

»Nein«, betonte ich. »Im Gegenteil – manchmal möchte ich nicht, dass Wyrme auf meinem Körper herumklettert.« Das hörte mein Lehrmeister gern, da es bedeutete, dass ich nicht abhängig von Wyrme war. »Wenn ich ihn nicht an mir hängen haben will, bitte ich ihn einfach darum, sich zusammenzuziehen. Dann stecke ich ihn in meine Tasche oder setze ihn neben mich auf einen Stein. Aber er mag es anscheinend nicht, auf dem Boden zu sein.«

»Dafür gibt es einen Grund«, erklärte mein Lehrmeister. »Um sich in dieser Dimension zu integrieren, kann er nicht zu weit weg von einem Lebewesen mit einem Puls, einem Kreislauf und einem Nervensystem sein. Er fühlt sich einsam, wenn er nur Kontakt mit Lichtkörpern hat, und daher sucht er die Nähe von Wesen in einer bestimmten physischen Gestalt. Deshalb wirkt er so sehr wie ein Haustier. Aber lass dich von seiner niedlichen Größe nicht täuschen – er kann sich so sehr ausdehnen, dass er sich um einen ganzen Planeten wickeln könnte.«

»Warum hat er sich dann nach allen Schülern im Klassenzimmer ausgestreckt?«, wollte ich wissen.

»Wahrscheinlich konnte er nicht widerstehen, weil er ein starkes Bedürfnis hat, sich mit wissbegierigen Wesen mit einem Puls zu verbinden. Deshalb fühlte er sich instinktiv zu jedem hingezogen. Im Klassenzimmer der Absicht, wo die Neugier aller Schüler geweckt und ihr Geist offen war, drängte es Wyrme zweifellos, den Puls aller anwesenden Wesen zu spüren, die die Absicht hatten, etwas zu lernen.«

Das ließ mich wieder an die Reise denken, auf der ich mich befunden hatte, als sich Wyrme an mich geheftet hatte. Ich war voller Neugier und Staunen über alles gewesen und musste für dieses Wesen ein echter Magnet gewesen sein. Ich nehme an, wenn man offen ist und Freude am Lernen hat, kommt die Magie automatisch.

»Haben diese Wesen je die Erde besucht?«, fragte ich.

»Schon oft, und in manchen Kulturen wurden und werden sie noch heute verehrt. Sie sind die Regenbogenschlange der australischen Ureinwohner, der chinesische Regenbogendrache und der Quetzalcoatl aus Mesoamerika. Aber sie besuchen die Erde heute nicht mehr so, wie sie es früher taten. Wenn du geglaubt hast, das Chaos in deinem Klassenzimmer sei schlimm gewesen, dann stell dir nur die Angst und Panik auf Erden vor, wenn eines dieser Wesen sich zeigen würde. Wenn sie auf die Erde gehen, bleiben sie klein und unscheinbar«, antwortete er.

»Dann kann ich Wyrme also behalten?«, fragte ich hoffnungsvoll.

Mein Lehrmeister bewunderte die Kreatur auf seiner Handfläche immer noch, als wäre sie ein großer Edelstein aus einem Smithsonian Museum, und sagte: »Es ist eine große Verantwortung, weil du in vielerlei Hinsicht Wyrme gar nicht hast, sondern Wyrme *dich* hat, und du eines Tages feststellen könntest, dass er genauso schnell wieder verschwunden ist, wie er aufgetaucht ist. Doch dieses magische Wesen hat entschieden, mit dir als Begleiter zusammenzuarbeiten, und du scheinst im Gleichgewicht zu sein, was es betrifft. Es scheint auch eine Menge von dir zu lernen. Sei dir jedoch darüber im Klaren, dass es dich in Dimensionen bringen kann, die dir nicht guttun. Kommuniziere daher ganz deutlich mit ihm und lerne, ja und nein zu sagen, bevor du mit ihm auf Reisen gehst.«

Da ich die Geduld meines Lehrmeisters an diesem Tag schon genug strapaziert hatte, sagte ich ihm nicht, dass ich schon mit Wyrme umhergereist war. Stattdessen erwiderte ich nur: »Okay.«

Wyrme in meiner Tasche verstaut, kehrte ich zu meinem Lieblingsfelsen zurück, doch es beunruhigte mich, dass Wyrme sich, als er auf der Handfläche meines Lehrmeisters gelegen hatte, nicht bewegt hatte und eine pelzige Kugel geblieben war. Als ich an meinem Grashügel angekommen war, setzte ich ihn auf einen Stein. Er sah ein wenig grau aus, und sein Pelz fühlte sich etwas steif an. Ich befürchtete, dieser seltenen Kreatur des Universums Schaden zugefügt zu haben.

Ich schickte ihm den Gedanken: »Strecke dich«, doch nichts geschah. »Willkommen daheim«, sagte ich laut. Er rührte sich immer noch nicht. Dann dachte ich, wie unglaublich es war, einem dieser einzigartigen Geschöpfe aus einem Universum, das hinter jeder Biegung Überraschungen und Lernchancen für eine tolle Erneuerung zu bieten hat, begegnet zu sein. Ohne es zu merken, strahlte ich Dankbarkeit für das, was Wyrme mich gelehrt hatte, aus – nämlich, dass eine empfängliche Fantasie wirklich eine tolle Sache ist. Plötzlich glaubte ich, einen schwachen Puls in seinem Pelz zu erkennen. Als Reaktion schickte ich Wyrme Wellen der Dankbarkeit und Liebe, dieselbe Energie, die er mir die ganze Zeit über geschickt hatte. Daraufhin fing er an, sich zu strecken und zu dehnen. Ich fühlte mich gut, weil meine Anstrengungen ihm wieder etwas Leben eingehaucht hatten und ich auf dieselbe Weise mit ihm umgehen konnte, wie er mit mir umgegangen war.

Wyrme dehnte sich auf dem Felsen aus. Er streckte sich wie eine Katze, die aus ihrem Nickerchen aufwacht. Dann sah er mir in die Augen und sagte zum ersten Mal deutlich hörbar: »Danke«. Es war eine neue Form der Kommunikation mit dieser verzauberten Kreatur, über die ich mich unheimlich freute.

· ◆ ·

Anmerkung des Herausgebers:
Nachdem ich von Galens Unterrichtserlebnissen erfahren hatte, wollte ich wissen, welche Erfahrungen die anderen Schüler in seiner Klasse nach ihrem Übergang gemacht hatten. Wie er mir berichtete, hingen ihre Erfahrungen davon ab, wie sehr sie sich bemühen mussten, um sich in die neue Dimension zu integrieren, und welchem Glaubenssystem sie sich auf Erden verschrieben hatten. So wurden beispielsweise Menschen, die fest davon überzeugt gewesen waren, dass sie sich nach dem Tod in der klassischen himmlischen Umgebung der Harfe spielenden Engel mit Flügeln

wiederfinden würden, genauso wenig enttäuscht wie die Wesen an dem Ort, an dem sich Galen befand. Wenn Individuen sich in dieser neuen Dimension weiter integrieren, erleben sie jedoch die Dinge eher durch Schwingungen als durch ihren Glauben. Überzeugungen erleichtern es zwar den Lehrmeistern und Führern, die Menschen zu unterstützen, doch letztendlich entscheidet die Schwingungsebene, wie sie sich in verschiedene Schulen und Orte eingliedern.

Kapitel 9

Die Frau im Fenster

Wyrme konnte also sprechen! Das war eine aufregende Neuigkeit, weil ich schon versucht hatte, Andy zum Sprechen zu bringen, da ich wusste, dass auch er es könnte. Doch als ich merkte, dass er seine Gestalt als Labrador mit dem wunderschönen, treuen Blick beharrlich aufrechterhielt, hatte ich schließlich aufgegeben. Was Wyrme anging, so konnte ich ihm nicht nur meine Absichten senden, sondern sogar eine richtige Stimme hören. Ich begann sofort ein Gespräch mit ihm und sagte: »Ach, du kannst also sprechen! Ist es für dich in Ordnung, wenn ich dich Wyrme nenne?« Doch Wyrme sah mich nur verständnislos an. Da in seinem Blick keine Tiefe war, konnte ich ihm nicht richtig in die Augen sehen und fragte mich, ob ich deshalb kein Zwinkern und keine innere Kommunikation in ihnen erkennen konnte – wie es bei anderen Wesen meistens der Fall ist –, weil dieses Wesen zu keiner Dimension gehörte und noch nicht einmal von der Quelle kam.

Wyrme war eindeutig ein bewusstes Wesen, doch *was* er war und wie er tickte, waren Fragen, über die ich nachdachte, während er wieder seine gewöhnliche Farbe und Form annahm. Ich schickte Wyrme noch mehr Dankbarkeit, Liebe und Anerkennung, doch er rollte sich nur ein wenig zusammen und fing an zu schnurren, weil er sich so sehr über die Gefühle freute, die ich ihm übermittelte. Ich glaube, wäre er ein Hund gewesen, dann hätte er sich auf den Rücken gelegt und sich von mir am Bauch kraulen lassen, doch er unterhielt sich immer noch nicht mit mir.

Schließlich stellte ich mich hin und sagte: »Ich weiß, dass du sprechen kannst, daher befehle ich dir, mit mir zu reden!«

Wyrme sah mich verwundert an, da ich ihm noch nie irgendetwas befohlen hatte. Er stand auf wie ein Welpe, der auf den Arm genommen werden will. Heute ist es mir peinlich, zugeben zu müssen, dass ich seinen Annäherungsversuch ignorierte und er sich wieder in eine kleine Pelzkugel verwandelte. Bald hatte er mein Mitleid erregt, wie er da bewegungslos auf dem Stein lag und sein Fell vom Wind zerzaust wurde. Also hob ich ihn hoch und drückte ihn an mich. Ich blies sanft in sein Fell. Die Liebkosung hatte ihre Wirkung. Wyrme dehnte sich wieder aus. Er sprang voller Freude auf meinen Schoß, rieb sich gegen mein Ohr und kuschelte sich wie ein junger Hund an meinen Hals. Ich war jedoch immer noch verwirrt und fragte mich, wie ich ihn bloß dazu bringen könnte, wieder mit mir zu reden.

Die Ereignisse des Tages hatten mich erschöpft. Ich brauche wie jeder andere meinen Schlaf, auch wenn ich dabei das Bewusstsein nicht verliere. Stattdessen versinkt mein Körper in einen Zustand der Entspannung. Daher ließ ich mich ins Gras fallen und legte den Kopf auf den Felsen. Wyrme wickelte sich wie ein Pelzkragen um meinen Nacken und pulsierte wie ein schnurrendes Kätzchen. Im Schlaf glaubte ich, Wyrme mit mir reden zu hören. Zuerst hörte ich: »Hallo, Galen.« Wie ich später herausfand, hält sich Wyrme bei Unterhaltungen gern an sehr förmliche Vorgaben. Ich hatte jedoch ein kleines Problem, da ich eine Mischung aus irdischen Sprachen wie Englisch, Chinesisch und Spanisch vernahm. Als die Stimme auf Spanisch zu mir sprach, konnte ich bestimmte Wörter verstehen, und ich schwöre, dass es mitunter wie Klingonisch (aus *Star Trek*) klang, aber sie wirkte immer beruhigend und tröstlich.

In meinem bewussten Traum sah ich gleichzeitig, wie Wyrme sich auf eine neue Art vor mir bewegte, und zwar wie ein Slinky, das endlose Purzelbäume schlägt. Das hatte ich bei ihm bisher noch nie beobachtet, da er immer entweder auf meinen Schultern oder in meiner Tasche gesessen hatte. Ich folgte ihm durch einen Korridor, bis er an eine Tür kam. Dort klopfte er drei Mal, woraufhin die Tür weit aufschwang. Wyrme machte eine Kopfbewegung, die andeutete, dass ich ihm durch den Eingang folgen sollte. Vor mir tat sich eine Collage aus den schönsten Bildern von Sternensystemen, Galaxien und Nebelschwaden auf, die ich je gesehen hatte, nur war dieser Anblick hier im Gegensatz zu den statischen Bildern, die das Weltraumteleskop Hubble liefert, lebendig. Wyrme sah mich mit seinen schwarzen Knopfaugen an, und ich spürte, dass er beabsichtigt hatte, mir diese überwältigende Szene aus dem Weltall zu zeigen. Ich vermutete, dass ich ins Sternenbild stürzen würde, wenn ich durch diese Tür ginge, doch ich wollte meine Theorie lieber nicht auf den Prüfstand stellen.

Wyrme sprach wieder zu mir. Diesmal verwendete er Wörter aus vielen Sprachen, die mir fremd sind, doch ich konnte das meiste, was er mir sagen wollte, aus dem Wirrwarr heraushören, da er mir seine Absicht anhand der Sternenlandschaft, die ich durch die Türöffnung sah, darlegte. Wyrme kann zwei Energiepunkte miteinander verbinden, egal wie weit entfernt sie voneinander sind oder in welcher Dimension sie sich befinden, und sie dann zusammenfalten, um so eine Brücke zwischen ihnen zu bilden. Ich erinnerte mich an eine Demonstration im Physikunterricht, wie zwei Punkte, die sich an zwei Enden eines Blattes Papier befinden, zusammengebracht werden können, indem man das Papier faltet. Genau das tat Wyrme, indem er diese atemberaubenden Landschaften des Alls als seine Palette benutzte. Wyrme musste nicht wie ich durch die Portale reisen, sondern konnte in seinem multidimensionalen Universum überall dort auftauchen, wo es ihm gefiel. Er war das beste Beispiel dafür, dass es nicht auf die Größe ankommt.

Als ich aufwachte, lag Andy schlafend neben mir und Wyrme schnurrte auf meiner Brust. Ich dachte darüber nach, warum ich Wyrme nur im Traum sprechen hören konnte, warum er auf einer

Bewusstseinsebene so deutlich war, aber auf einer anderen nicht. Offensichtlich fühlte sich Wyrme durch Drängen nur beleidigt, während Freundlichkeit und Dankbarkeit ihn dazu brachten, auf vielen Ebenen zu kommunizieren. Mein Lehrmeister hatte zwar gesagt, dass niemand weiß, was Wyrme wirklich ist, aber vielleicht hat sich auch nur keiner bisher die Mühe gemacht, Wyrme zu fragen – oder gewusst, wie man ihn fragt. Zwar hielten ihn alle für etwas Besonderes, doch für mich war er nur ein kleines pelziges Etwas voller Neugier und Liebe, die er mit mir teilte.

Als bekannt wurde, dass Wyrme bei mir war, brauchte ich ihn nicht länger zu verstecken. Ich ließ zu, dass er wie eine Wildkatze auf einem Baumast auf meinen Schultern lag. Von den vielen, die kamen, um ihn zu sehen, wollten nur die wenigsten ihn anfassen, als würde das Gerücht umgehen, dass man ihn nicht mehr abschütteln könnte, sobald er sich an einen geheftet hatte. Doch ich sagte den Leuten, dass Wyrme sie mit ihrer Erlaubnis berühren würde, und er liebte diese Begegnungen. Es war, als würde man eine Schlange auf den Schultern tragen, vor der sich alle zu sehr fürchten, um sie zu berühren, während sie den Blick nicht von ihrer natürlichen Schönheit abwenden können. Ich muss zugeben, dass ich die Aufmerksamkeit ein wenig genoss. Bevor Wyrme in mein Leben getreten war, hatte ich eine Privatsphäre gehabt und das hatte mir gefallen – ich war mir immer aller anderen bewusst, egal ob sie auf einem Hügel saßen und lasen oder spazieren gingen und sich dabei in kleinen Gruppen unterhielten – und daher war es ein bisschen beunruhigend, meine friedliche Anonymität gegen die Energie, von der ich aufgrund der Sehenswürdigkeit nun eingehüllt wurde, einzutauschen. Es kam so weit, dass sich Wyrme sogar suchend umsah, ob vielleicht irgendwo jemand war, den er gerne anziehen würde. So sehr gefiel ihm der emotionale Funke der Menge, wenn sie ihn beachteten.

Kein Wunder, dass diese Kreaturen zu Urzeiten die Erde besucht hatten, dachte ich. Ich konnte mir ihr Entzücken über die Aufmerksamkeit, mit der ganze Menschentrauben sie überschütteten, wenn sie auf dramatische Weise vom Himmel herunterstiegen, lebhaft vorstellen. Die Leute wollten wissen, ob Wyrme sprechen kann, und ich versuchte zu erklären, wie man ihn zum Sprechen bringt, doch keiner von ihnen schaffte es. So gaben sie sich damit zufrieden, Wyrme zu bewundern und ihm zu schmeicheln oder ihn zu streicheln, um ihn zum Schnurren zu bringen. Einmal bemerkte ich, dass Andy deswegen die Augen verdrehte, und man konnte sehen, dass er dachte: ›Oh nein, nicht schon wieder!‹

Manchmal entdeckte Wyrme jemanden in der Ferne und versuchte, sich zu verstecken, was mir etwas seltsam vorkam. Zuerst verstand ich nicht, warum Wyrme den Kontakt mit bestimmten Individuen vermied, weil jeder auf dieser Ebene dasselbe Energiefeld der guten Absicht und ohne jede Bösartigkeit hat. Um sich zu verstecken, heftete er sich an meinen Hinterkopf und schoss dann meinen Rücken hinunter, was sich komisch anfühlte. Nicht, dass irgendjemand unangenehm gewesen wäre, doch wenn er immer noch starke Trauer zu verarbeiten hatte, mit der Wyrme nichts zu tun haben wollte, wandte er sich von solchen Schwingungen ab. Natürlich hatte auch ich beim Verarbeiten Momente der Trauer, doch ich verlor mich nie in ihnen.

Auf einem Spaziergang mit Wyrme und Andy geschah etwas Außergewöhnliches. Ich war unter einem Apfelbaum stehen geblieben und biss in einen Apfel. In dieser Dimension esse ich allein aus Freude am Essen und nicht, weil ich einen Körper hätte, der Nahrung braucht, und wenn mir danach ist, hole ich mir sogar etwas vom Chinesen, auch wenn natürlich alle Mahlzeiten meiner Erinnerung entspringen. Ich dachte gerade genüsslich über meine Verbundenheit mit dem Apfel nach, den ich gerade kaute (ich habe gelernt, bei allem, was ich tue, im Hier und Jetzt zu sein), als sich Andy aufrichtete, weil irgendetwas hinter mir war. Wyrme huschte von meiner Schulter herunter, klopfte mir an die Brust und deutete an, dass ich nachsehen sollte.

Als ich mich umdrehte, sah ich zehn Schritte hinter mir eine verloren wirkende Frau, die hinter einem rechteckigen Fenster in der Luft schwebte. Die langsamen wogenden Bewegungen ihres Haars, Mantels und der Halstücher ließen sie so aussehen, als würde sie im Wasser treiben. Sie war zwar nicht »tot«, wirkte aber auch nicht gesund. Ich hatte noch nie jemanden in dieser Dimension erlebt, der ein Zeichen von Schwäche zeigte. Überrascht sprang ich auf und ging auf das Fenster zu. Als ich näher kam, wich das Fenster zurück und bewahrte den Abstand von zehn Schritten zwischen uns. Das war frustrierend, da die Frau hinter dem Fenster so aussah, als wäre sie verzweifelt und bräuchte Hilfe. Wyrme zog sich um meinen Hals zusammen, als wollte er mich von der Szene wegziehen, und selbst Andy stellte sich zwischen das Fenster und mich, wie um mir den Weg abzuschneiden. Ich konnte nur zusehen, wie das Bild immer kleiner wurde, als würde es in die Ferne rücken, bis es schließlich verschwunden war. »Was war das?«, fragte ich Andy. Wyrme und Andy sahen mich an, als hätten sie so etwas noch nie gesehen.

Während wir zu meinem Haus gingen, das nicht weit weg war, hörte ich ein Poppen. Dann tauchte dieselbe Frau direkt vor mir auf. Diesmal erschrak Andy nicht wie beim ersten Mal, doch trotz seiner neugierigen und forschenden Art blieb er zwei Schritte hinter mir und sah misstrauisch zu, während Wyrme mir an die Brust klopfte, als wollte er mich warnen. In diesem Moment bildeten sich kleine Fenster um die Frau herum, und als sie größer wurden, sah ich, dass jedes Fenster eine andere Umgebung und andere Menschen einrahmte. Ein Fenster zeigte einen Schneesturm, in einem anderen erkannte ich eine Wüste, die so vertrocknet wirkte, dass ein Mann staubig aussah.

Ich konnte zwar die zehn Schritte Entfernung nicht überwinden, doch ich spürte, dass die Menschen in den Szenen alle genauso verzweifelt wirkten wie die Frau im größten Fenster. So schnell, wie sie erschienen waren, verschwanden sie auch wieder. Verwirrt über dieses Phänomen suchte ich meinen Lehrmeister auf.

Ich klopfte an die Tür, doch alles blieb still. Ich spürte, dass meine Wahrnehmungen der Dinge gestört wurden. Ich hatte bisher immer jemanden gehabt, der meine Fragen beantworten konnte, selbst wenn ich nur in der Schule vorbeischaute und einen Lehrer suchte – aber jetzt gab es niemanden.

Ich ging nach Hause und tat mein Bestes, nicht an den Himmel zu sehen, falls sich dort noch mehr Fenster auftaten. Ich beschloss zu warten, bis das, was auch immer die ungewöhnlichen Erscheinungen verursachte, vorbeiging, da nach meinen Erfahrungen die Dinge in dieser Dimension nie lange aus dem Gleichgewicht sind. Ich ließ mich aufs Bett fallen, weil ich glaubte, es sei der beste Ort für mich, um dieses Ereignis wie ein Sommergewitter auszusitzen. Wyrme legte sich um meinen Hals, doch er schnurrte nicht mehr und benahm sich eher wie ein Rehkitz, das sich schutzsuchend auf den Waldboden legt, weil es eine unheimliche Präsenz wittert. Sogar Andy behielt ein Auge offen und beobachtete die Tür von seinem Platz auf der Couch neben meinem Bett aus. Ich versuchte, mich so gut wie möglich zu entspannen und wach zu bleiben, ohne mir Sorgen über mein Umfeld zu machen.

In diesem ruhigen, klaren Raum stellte ich fest, dass ich wieder mit Wyrme reden konnte. Ich fragte ihn: «Was ist hier los?« Voller erregter Freude darüber, dass der Kommunikationszugang wieder offen war, redete Wyrme hastig in vielen verschiedenen Sprachen, bis er sich so weit beruhigt hatte, um ins Englische mit einem leichten britischen Akzent überzuwechseln. Weil ich ein Mensch bin, schien Wyrme davon auszugehen, dass ich jede irdische Sprache verstehen würde, doch da ich das nicht tat, musste er mehrere Sprachen ausprobieren, bevor er eine gefunden hatte, die ich verstehen konnte.

Nachdem er angefangen hatte, Englisch zu sprechen, brachte er mich dazu, das Gespräch mit einer förmlichen Begrüßung zu eröffnen. Jetzt war ich derjenige, der die Augen verdrehte, während ich sagte: »Guten Tag, wie geht es dir?«

»Danke, gut. Und wie geht es dir?«, antwortete Wyrme.

Ich weiß zwar nicht, woher Wyrme diese Höflichkeitsfloskeln hat, doch wenn ich mich mit ihm unterhalten will, muss ich die

Förmlichkeiten einhalten und langsam sprechen. »Es geht mir gut, danke sehr. Es ist mir eine Freude, mit dir zu plaudern«, fuhr ich fort.

Nachdem wir das Ritual der korrekten Begrüßung vollendet hatten, fragte ich: »Darf ich dich etwas fragen?«

»Selbstverständlich«, antwortete Wyrme.

»Was war das denn gerade?«

»Ach so, ja«, sagte Wyrme, »die Fenster. Ich habe dir schon gezeigt, dass Zeit und Raum sich falten und dadurch zusammenbringen lassen. Wegen meines Wesens öffnen sich diese Fenster und folgen mir, während sie Individuen einrahmen, die von einer Dimension in die andere gebracht werden möchten. Das ist aber nicht meine Aufgabe.«

An diesem Punkt wurde Wyrme so aufgeregt, dass er in mehrere andere Sprachen verfiel. Deshalb vermutete ich, dass es ein heißes Eisen war. Als Wyrme sich beruhigt hatte und wieder ein verständliches Englisch sprach, sagte er mir, dass es Wesen gibt, die in dimensionalen Kästen der Realität feststecken, weil sie vor ihrer Zeit gestorben sind, und zwar meistens gewaltsam und immer durch den Freitod.

»Ein solcher Tod bringt die Reihenfolge der Ereignisse durcheinander; sie tun etwas gegen ihr eigenes Leben – und dadurch entstehen Wirrungen«, erklärte Wyrme. »Solche Wesen fühlen sich von jedem angezogen, der die Umstände ändern könnte, in denen sie gefangen sind, und auf ihrer Suche reisen sie durch Zeit und Raum. Ich ziehe sie an, weil ich mich frei und ungehindert durch die Dimensionen bewege, aber ihnen zu helfen, ist nicht meine Aufgabe.«

Ich verstand, was Wyrme meinte, denn auch wenn mein eigener Tod die Folge eines schrecklichen Unfalls gewesen war, hatte es Vorbereitungen gegeben. Es hatte eine Vereinbarung gegeben, und man hatte mich schon erwartet.

»Kein Wunder, dass diese Individuen verzweifelt aussehen – sie sind Selbstmörder«, sagte ich.

»Ja, aber nicht alle haben absichtlich Selbstmord verübt«, fügte Wyrme hinzu. Es interessierte mich, ob die Frau, die im Wasser schwebte, sich ertränkt hatte, ob der Mann im Schneesturm betrunken von einer Bar gekommen und im Schnee erfroren war oder ob der mit Sandstaub bedeckte Mann von seinem Stamm ausgeschlossen worden war und in der Wüste verendet war. Auch fragte ich mich, ob sie deshalb eine so starke Anziehungskraft auf mich ausübten, weil ich in meiner eigenen Vergangenheit einem Familienmitglied hatte helfen wollen, das depressiv und verwirrt gewesen war. Jetzt verstand ich, warum Andy und Wyrme mich von den Fenstern zurückgehalten hatten: Sie hatten gespürt, dass meine Faszination nicht aus einer reinen Stelle in meiner Seele kam, sondern eine Reaktion auf meine Vergangenheit war.

»Ich ziehe sie wegen meiner Fähigkeiten an, aber ich fühle mich nicht dazu berufen, ihnen zu helfen.« Ich hatte Wyrme immer als mitfühlend und fürsorglich erlebt, und es schien ein recht kalter Widerspruch zu sein, als er sagte, es sei nicht seine Aufgabe, die Menschen in den Fenstern zu unterstützen. Doch gleichzeitig ist mir klar, dass man nicht helfen kann, wenn es einem nicht zusteht, und ich vermute, die Leute aus ihrer Gefangenschaft zu befreien, könnte sie in noch größere Gefahr bringen, als sie in Ruhe zu lassen. Ich fragte mich, ob diese Individuen vielleicht die Gespenster sind, die sich manchmal auf der irdischen Ebene bemerkbar machen und die sich unbewusst jemanden aussuchen, der ihnen helfen soll, das Energiefeld zu öffnen, in dem sie gefangen sind. Ich fragte Wyrme, was ihnen wirklich helfen würde.

»Ich weiß es nicht, und deswegen kann ich ihnen auch nicht helfen«, antwortete er.

Bloß weil eine magische Kreatur, die Zeit und Raum überbrücken kann, nicht weiß, wie man diesen gefangenen Wesen helfen kann, muss das aber doch nicht unbedingt heißen, dass keiner es weiß, dachte ich. Ich überlegte, wie man den Leuten in den Fenstern helfen könnte, doch ich hatte durch meine eigene Familie gelernt, dass das bedeuten kann, etwas auf einer ganz anderen Ebene zu tun – der Person da, wo sie gerade steht, Liebe und Unterstützung zu geben, statt zu versuchen, sie zu retten.

»Vielen Dank dafür, dass du mit mir geredet hast«, sagte ich und beendete das Gespräch mit einer förmlichen Verbeugung.

»Es war mir ein Vergnügen«, erwiderte Wyrme. »Lass uns die Konversation bitte zu einem späteren Zeitpunkt fortsetzen.«

Als ich nach draußen ging, stellte ich fest, dass alles wieder im Gleichgewicht war, die Sonne schien und die Welt war in Ordnung. Also ging ich zum Haus meines Lehrmeisters, der jetzt zu Hause war, und schilderte ihm mein Erlebnis. Ich erzählte ihm auch, was mir Wyrme über die Personen in den Fenstern gesagt hatte.

Er bemerkte: »Das ist oft der richtige Ort für sie, je nachdem, was ihnen widerfahren ist und welche Situation sie hinter sich haben. Danke, dass du mir davon berichtet hast, denn nicht jeder kann diese Wesen sehen. Manche Lehrmeister sehen sie, und wenn sie beim Eintreffen in dieser Dimension ein Fenster festhalten, können sie einen Führer suchen, der mit dem oder der Betroffenen arbeiten kann. Es sieht so aus, als hätte die Frau im Wasser das Schlimmste hinter sich, also ist jetzt der richtige Zeitpunkt, um ihr zu helfen.«

»Wie lange ist sie schon da?«, fragte ich.

»Sie hat sich aus Hoffnungslosigkeit und Depression vor fünf Jahren ertränkt, aber wenn sie bei ihrer Hilfesuche durch die richtigen Kanäle gegangen wäre, hätte sie Unterstützung bekommen. Selbstmord kann eine ziemlich egoistische Erfahrung sein. Ihre Energie muss erst noch eine gewisse Reife erreichen, bevor sie befreit werden kann. Ich habe den anderen Empfangsleuten Bescheid gesagt, nach ihr Ausschau zu halten, damit sie aus ihrem Behälter befreit werden kann, denn genau das ist es, worin sich diese Wesen befinden – in einem dimensionalen Behälter.«

»Und was ist mit den anderen?«, fragte ich.

»Sind sie dir so nahe gekommen wie die Frau?«, erkundigte sich mein Lehrmeister.

»Nein, sie wurden in der Ferne zurückgehalten.«

»Dann ist ihre Zeit noch nicht reif, und sie müssen noch warten«, sagte er.

An diesem Punkt wurde mir klar, warum das Fenster der Frau zurückgewichen war, als ich mich ihm genähert hatte: Trotz meines Mitgefühls oder Verlangens, das Leid zu lindern, das ich bei ihr gespürt hatte, war ich nicht derjenige, der sie erlösen sollte. Man muss die Umstände, unter denen man helfen kann, wirklich verstehen. In diesem Fall konnte ich nur helfen, indem ich ihr eine Brücke zu meinem Lehrmeister baute, der daraufhin andere verständigte, damit dieser Frau, deren Zeit gekommen war, geholfen wurde. Wie mir außerdem klar wurde, war es mein Gefühl der Beunruhigung gegenüber den Fenstern, das mir den Weg zu den Lehrmeistern versperrt hatte, als ich spürte, dass die Dinge aus dem Gleichgewicht geraten waren und ich keinen Lehrer zum Reden finden konnte. Es war also nicht so, dass mein Lehrmeister nicht zu Hause gewesen wäre; er ist immer »zu Hause«. Ich fand nur keinen Zugang zu ihm. In dieser Dimension kann man nicht richtig funktionieren, wenn man sich in einem Gefühlszustand befindet, der nicht eindeutig und ausgeglichen ist.

Wieder einmal hatte mir Wyrme eine Erfahrung beschert, die mich zutiefst mit der Gegenwart, der Vergangenheit und der Zukunft verband. Es gibt keine Trennung zwischen den Zeiten, und – wie die Lehrer oft wiederholen – alles ist eine Spirale, in der das, was kommt, auch wieder geht, um das Gleichgewicht herzustellen.

· ◆ ·

Anmerkung des Herausgebers:
Interessanterweise hatte ich einen Traum, als Galen sieben oder acht war. Dieser Traum bezog sich auf die Folgen von Selbstmord, und ich führte darin einen pickeligen Jugendlichen mit strähnigem, schulterlangem Haar zu einem nichtssagenden grauen Strand. Auch der Himmel war grau, und dunkelgrüne Wellen, die gerade mal fünf Zentimeter hoch waren, plätscherten an den Strand. Als ich den jungen Mann auf dem Sand absetzte, merkte ich, dass er eine Überdosis an Drogen genommen hatte, wenn

auch nicht absichtlich. In der Ferne waren viele Leute, die gekommen waren, um ihn zu begrüßen, doch sie befanden sich in einer anderen Realität auf der anderen Seite eines kleinen Meeresarms, wo sie an einem sonnigen Strand voller Regenbögen einen Picknicktisch aufstellten. Sie winkten uns fröhlich zu und ich winkte zurück, doch eigentlich winkte ich sie weg. Ich wusste, dass der Jugendliche, der sein Leben nicht geschätzt und – wenn auch unbeabsichtigt – beendet hatte, eine gewisse Zeit warten musste, bevor er sich zu den anderen auf der Sonnenseite des Strandes gesellen konnte. Das war keine Strafe, sondern nur die Einhaltung der Art und Weise, wie die Dinge im Universum funktionieren. Ich habe erkannt, dass das Jenseits nicht aus einer Dimension besteht, sondern aus vielen Schichten, und dass die Dimension, in der man sich wiederfindet, mit Erfahrungen, Überzeugungen und Schwingungen zu tun hat, wie Galen schon geschildert hat.

Wenn ich – oder mein Supra-Bewusstsein – diesem jungen Mann tatsächlich geholfen habe, dann war sein Fall sicherlich nicht so krass wie der der Personen, die Galen in den Fenstern gesehen hat. Doch ebenso wie Vorbereitungen für die Integration in die irdische Dimension notwendig sind (die Empfängnis, die Entwicklung des Embryos, des Fötus und so weiter), gilt das auch für die andere Dimension. Die Umstände sind zwar anders, doch das Muster »Wie oben, so unten« ist das gleiche. Manche sagen, dieses Muster sei Chaos, doch was ist Chaos schon außer formloser Energie, die versucht, eine Form zu erlangen?

Kapitel 10

Der kleine Bruder

Da seit meiner letzten Gelegenheit, einen angenehmen Raum zum Entspannen zu erschaffen, schon eine Weile vergangen war, beschloss ich, auf den Naturpfaden des Bandelier National Monument nordwestlich von Santa Fe zu wandern – einem Ort, den ich nach meinen Erinnerungen geschaffen hatte. Ich band Andy ein rotes Halstuch um, damit er sportlich aussah, und stattete mich mit Wanderstock und Rucksack aus. Dann ging ich mit Andy und Wyrme durch den Parkeingang zum Hauptrundgang. Es ist ein beschaulicher, idyllischer Spaziergang durch den Canyon, an zahlreichen Ausgrabungsstätten wie dem Langhaus der Indianer und mehreren ihrer Kivas vorbei.

Es dauerte nicht lange, bevor ich hinter mir ein huschendes Geräusch vernahm. Doch als ich mich umdrehte, war nichts zu sehen. Ich bin schon ziemlich gut im Manifestieren, und daher dachte ich, dass es vielleicht eines der Eichhörnchen im Naturpark war, doch Andy reagierte nicht. Als wir weitergingen, hörte ich von Zeit zu Zeit ein Geräusch hinter mir, doch immer wenn ich mich umdrehte, konnte ich nichts entdecken, und da meine Begleiter mir keine alarmierenden Zeichen gaben, dachte ich mir nichts dabei. Da ich mein Erlebnis selbst erschuf, war die Wanderung zwar nicht gefährlich, doch ich wollte mich ohne Ablenkungen dem Wandergefühl widmen, den Wanderweg erkunden und meine Umgebung genießen, so wie ich es schon auf Erden versucht hatte. Es war schon immer ein sehr körperliches Erlebnis für mich. Auch wenn mein Körper hier eher aus Photonen als aus Elementen des Periodensystems besteht, ist er ebenso wenig eine Illusion wie der menschliche Körper, der aus Kohlen-, Wasser- und Sauerstoff besteht. Wenn ich etwas erlebe, tue ich nicht nur so, als würde ich es erleben. Zwar gelten hier andere Regeln, ich brauche das Gesetz der Schwerkraft nicht zu berücksichtigen, das in der dritten Dimension gilt, und ernsthaft verletzen kann man sich hier auch nicht – aber es ist dennoch ein physischer Körper, um den man sich kümmern muss.

Nach einer Weile bog ich auf einen Pfad ab, der etwas beschwerlicher war: die Cerro Grande Route, die zwei Meilen hinauf zum Cerro Grande Peak führt, der mit über 3.000 Metern der höchste Punkt im Park ist. Von dort aus hat man eine herrliche Aussicht. Ungefähr auf halber Höhe hörte ich eine Stimme, die um Hilfe rief, und das Geräusch von Steinchen, die hinunterrollten. Jetzt war ich sicher, dass jemand hinter mir war. Andy rannte bellend den Pfad zurück nach unten. Während er voller Begeisterung in Habachtstellung stehen blieb und anschlug, wie er es auf Erden gelernt hatte, ging ich ein paar Schritte den Pfad wieder hinab und entdeckte einen Jungen, der in den Büschen festhing. Er war ungefähr acht Jahre alt.

Als ich den Jungen aus dem Gebüsch befreit und ihm den Dreck von den Kleidern geklopft hatte, bemerkte ich, dass er genauso angezogen war wie ich. Auch hatte er sich einen gehäkelten Wyrme in den Farben des Regenbogens an den Arm geheftet und hielt einen schwarzen Teddybären, dem ein rotes Halstuch um den Hals gebunden worden war, im Arm. Statt zu weinen, sah der Junge mit einem strahlenden Lächeln zu mir hoch und sagte: »Hi, ich bin so froh, dir zu begegnen.«

»Bist du mir etwa gefolgt?«, fragte ich.

»Äh, ja. Ich will dich schon lange kennenlernen, aber bisher hatte ich noch keine Gelegenheit dazu. Heute hab ich gesehen, wie du dich auf die Wanderung vorbereitet hast, und deswegen habe ich beschlossen mitzukommen«, antwortete der Junge.

»Hast du hier auch Eltern?« Ich wollte herausfinden, wer für ihn verantwortlich war und ob er sich verlaufen hatte.

Der Junge sah mich an und sagte: »Nein, ich hab niemanden hier.« Dann fügte er aufgeregt hinzu: »Ist das Wyrme? Kann ich ihn mal anfassen?« Ich merkte, dass er mir nicht die ganze Wahrheit sagte, da er immer wieder vom Thema ablenkte. Schließlich konnte ich ihn dazu bringen, mir zu verraten, dass sein Vorname Carl war, auch wenn er mir seinen Nachnamen nicht nannte. Ich wollte nicht weiter auf dem Pfad wandern, da er für Carl zu beschwerlich war. Daher gingen wir zusammen zum Main Loop Trail zurück. Dort setzten wir uns hin und ich zeigte Carl Wyrme, um ihn zufriedenzustellen und weil ich hoffte, dass er dann wieder nach Hause gehen würde.

»Wie kommt es, dass du hier bist, Carl?«, fragte ich ihn in der Hoffnung, mehr über ihn herauszufinden.

»Ich bin dir doch gefolgt, weißt du das denn nicht?«, sagte Carl.

»Nein, ich meine in dieser Dimension. Seit wann bist du hier?«

»Ich weiß nicht, seit wann ich hier bin«, antwortete er knapp.

»Wie bist du denn hergekommen?«, forschte ich nach.

»Alles, an das ich mich erinnern kann, ist, dass ich sehr krank geworden bin und meine Mom geweint hat. Und dann bin ich meinem Lehrmeister begegnet, der mir das hier gegeben hat.« Carl hielt seinen kleinen Silberbecher in die Höhe. »Und seitdem gehe ich in die Schule.«

Auch wenn Carl anscheinend noch nicht viele Erfahrungen auf dieser Ebene gemacht hatte, haben alle hier so ziemlich dieselbe Reifestufe erreicht. Doch ich konnte mich nicht daran erinnern, bisher ein so kleines Kind in dieser Dimension gesehen zu haben. Ich fragte mich, ob es hier vielleicht ein besonderes Gebiet gab, in dem die Wesen mit weniger Erfahrung lebten, und ich machte mir Sorgen, dass er vielleicht ausgebüxt war. Wir liefen den Main Loop zurück, und ich hatte vor, meinen Lehrmeister aufzusuchen, um mehr über Carl zu erfahren.

Als Carl merkte, dass wir dabei waren, den Canyon zu verlassen, blieb er hinter mir zurück und wurde nervös.

»Stimmt irgendetwas nicht?«, fragte ich ihn.

»Du willst mich zurückbringen, aber ich will nicht zurück«, erwiderte er und nahm meine Hand. Durch diese simple Handlung luden sich eine unglaubliche Sammlung an Bildern und ein tiefes Gefühl der Unschuld, das mein ganzes Universum erweiterte, vor meinen Augen herunter. Obwohl Carl wie ein Kind aussah, war er eindeutig ein Individuum, das schon sehr reif war und dessen Intuition und Verständnis hochentwickelt waren. Kopfschüttelnd lernte ich dieselbe Lektion, die mir in dieser Dimension immer wieder erteilt worden war – nämlich dass hier nichts so ist, wie es den Anschein hat zu sein.

»Komm, lass uns deinen Lehrmeister oder deine Familie suchen gehen«, sagte ich, fest entschlossen herauszufinden, wo Carl hingehörte.

»Du bist meine Familie«, erwiderte der Junge. »Du bist mein großer Bruder.«

Seine entschiedene Aussage verblüffte mich total. Ich konnte mich an kein anderes Kind in meiner Familie erinnern, doch er sagte es mit einer solchen Aufrichtigkeit, dass ich im Gedächtnis kramte, um herauszufinden, ob nicht doch irgendwann mal ein anderes Kind erwähnt worden war. Überzeugt, dass Carl sich einfach sicher fühlen wollte, sagte ich: »Okay, dann bin ich eben dein großer Bruder.«

»Du bist *echt* mein großer Bruder«, korrigierte Carl mich.

Hand in Hand gingen Carl und ich zu meinem Lehrmeister. Wyrme hockte auf meiner Schulter und ein kleiner gehäkelter Wyrme hockte auf Carls Schulter, Andy war an meiner linken Seite und Carl hatte sich seinen schwarzen Teddybären unter den rechten Arm geklemmt. So waren wir das Spiegelbild des anderen, auch wenn einer von uns klein und der andere groß war. Als wir das Arbeitszimmer meines Lehrmeisters betraten, sagte er zu meiner Überraschung: »Hallo, Carl, wie geht's dir heute?«

»Gut, danke. Sieh mal, ich hab Galen gefunden!«, antwortete Carl aufgeregt.

Mein Lehrmeister betrachtete uns, lächelte und sagte: »Ja, ich kann sehen, dass ihr euch endlich begegnet seid.«

»Carl glaubt, ich sei sein großer Bruder«, sagte ich und hatte das Gefühl, der Einzige zu sein, der keine Ahnung hatte, was hier lief.

»Du bist sein großer Bruder«, sagte mein Lehrmeister und erklärte, dass man mit vielen Vereinbarungen in sein irdisches Leben hineingeboren wird, so dass eine erfolgreiche Lebenserfahrung als Seele und Geist sichergestellt ist. »Bevor du auf Erden geboren wurdest, warst du etwas Ähnliches wie jetzt – in einer Dimension des Lernens, in der du alle Möglichkeiten ausprobieren konntest. Alle Erfahrungen, die du in deinem irdischen Leben gesammelt hast, stecken in deinem Becher und vereinen sich erneut, um dir zu helfen, deine nächste Erfahrung zu erschaffen«, sagte mein Lehrmeister.

»Sprichst du etwa von Wiedergeburt?«, fragte ich.

»So wird es auf Erden genannt. Wir nennen es nur Evolution, wobei Geist und Seele weiterhin inkarnieren, um noch mehr Erfahrungen zu sammeln. Viele Kombinationen werden zusammengestellt, und ganz egal, für welche du dich entscheidest, jede Kombination wird dir das, was du zu lernen beabsichtigst, erfolgreich vermitteln. In einer der Kombinationen hattest du einen jüngeren Bruder, der dich vergöttert hätte und eine Menge von dir und euren Eltern gelernt hätte. Die Seele, die hier als Carl vor dir steht, hatte eine Vereinbarung, Teil deiner Familie zu werden. Weil sich das Leben aber je nachdem, welche Entscheidungen die anderen in deinem Umfeld treffen, ständig verändert, kam Carl am Ende doch nicht in eure Familie. Nur weil er nicht Teil deiner irdischen Familie war, bedeutet das aber nicht, dass er ausgeschieden war, denn Carl hat seine eigenen Kombinationsmöglichkeiten. Und so kam er her, um in deiner spirituellen Familie dein kleiner Bruder zu sein. Du kannst dich zwar nicht an ihn als Teil deiner bewussten Erfahrungen erinnern, aber vielleicht weißt du noch, dass du dich immer gefragt hast, wie es wohl wäre, einen kleinen Bruder oder eine kleine Schwester zu haben. Das zeigt, dass die Vorstellung in deinen Sehnsüchten vorhanden war, auch wenn sie sich nicht in deiner Lebenserfahrung manifestiert hat. Letztendlich wurde Carl in eine andere Familie hineingeboren, die ihn sehr geliebt hat, und er hat immer noch zwei Schwestern und eine Mutter auf Erden. In dieser Familie wurde Carl krank und starb in dem Alter, in dem du ihn jetzt siehst.«

Ich warf einen Blick auf Carl, der den Blick gesenkt hatte. »Es macht nichts. Meiner Mutter geht es gut, aber ich wollte immer einen Bruder«, brach es aus ihm heraus.

Carl hatte außer Liebe und einem starken Familienband nicht viele Erfahrungen in seinem Becher. Das machte es ihm vermutlich leicht, eine Beziehung zu mir aufzubauen.

Ich fühlte mich genötigt zu fragen, wo das gewesen war, da ich wahrscheinlich mehr Gemeinsamkeiten hätte erkennen müssen, als ich bei ihm spürte.

»Carl wuchs in Minnesota auf«, antwortete mein Lehrmeister.

Da wir aus demselben Land stammten, glaubte ich, es müsste eine Verbindung zwischen seiner irdischen Erfahrung und meinem Leben auf der Erde geben. »Wann war das?«, fragte ich.

»Carl starb 1954«, erklärte mein Lehrmeister.

»Das ist das Geburtsjahr meines Vaters. Das verstehe ich nicht. Er hätte doch gar nicht in den 1990er Jahren mein kleiner Bruder sein können, wenn er 1946 geboren wurde«, sagte ich erstaunt und setzte mich in einen Sessel, um meine Fassung wiederzuerlangen.

»Auf der Erde verläuft die Zeit linear, aber für die Seele ist sie nicht linear. Aus der Sicht der Seele wurde Carl nicht zurückgeschickt. Die universale Zeit schreitet zwar voran, doch Carls Seele war vorher noch nie im irdischen 20. Jahrhundert gewesen – jedes Jahrzehnt wäre ein späterer Zeitpunkt als seine vorherige Inkarnation auf der Erde gewesen. Die Seele hat sich die besten Umstände ausgesucht, um die Erfahrung, die sie zur Weiterentwicklung und zur Unterstützung von Carls Umwelt brauchte, zu optimieren, sobald feststand, dass er am Ende des Jahrhunderts nicht in deiner irdischen Familie aufwachsen würde«, fuhr mein Lehrmeister fort.

»Carl ist also schon seit mehr als fünfzig Jahren hier?«, fragte ich fassungslos.

»Nach chronologischer Zeitrechnung ja. Doch wie du weißt, gibt es die irdische Zeit in dieser Dimension nicht. Weißt du etwa, wie viel Uhr es auf der Erde ist, wenn du durch ein Portal gehst oder im Unterricht sitzt?«

»Nein, natürlich nicht«, musste ich zugeben.

»Chronologische Zeit ist ganz anders als universale Zeit, die spiralförmig verläuft. Die Physiker auf der Erde können das gut nachvollziehen, aber für alle anderen ist es verwirrend, weil für sie eine Stunde auf die andere zu folgen hat. Spiralförmige Zeit entspricht viel eher dem Leiterspiel, bei dem man über Zeitbänder springen kann, statt nur einer festen Spirale zu folgen.«

»Okay, aber warum sehe ich dann auf meinen Spaziergängen keine anderen Kinder in Carls Alter?«

»Es stimmt zwar, dass Carls Erfahrungen für diese Ebene ein bisschen mager sind, aber sein Bedürfnis, dir zu begegnen, war so stark, dass er sich mit dieser Dimension verbunden hat, und seine intuitive Begabung und tiefe Überzeugung manifestieren sich in mehrfacher und bedeutender Hinsicht. Carl musste dir einfach begegnen«, offenbarte mir mein Lehrmeister mit einem Zwinkern, das mich überraschte, da ich ihn noch nie hatte lächeln sehen, ganz zu schweigen von einem wissenden Zwinkern.

»Er musste mir begegnen?«, wiederholte ich fragend.

»Galen, das Leben eines jeden enthält viele mögliche Kombinationen aus verschiedenen Erfahrungen«, sagte mein Lehrmeister, der mich noch nie beim Namen genannt hatte, »und für die Seele ist eine gemachte Erfahrung ein Erfolg und das Lernen aus einer Erfahrung ist von unschätzbarem Wert. Die Zeit ist gekommen, in der du erfahren sollst, dass du eine feste Vereinbarung mit diesem kleinen Bruder hast, durch den das Leben vieler anders verlaufen wäre, wenn das sein Lebensweg gewesen wäre. Letztendlich besteht immer noch eine feste Vereinbarung, die du mit Carl durcharbeiten musst, und zu einem späteren Zeitpunkt - wenn ihr beide reif dafür seid - werdet ihr als Zwillinge geboren werden, was euch viele weitere Möglichkeiten für gemeinsame Erfahrungen geben wird.«

Ich saß einen Moment lang schweigend da, während mein Becher anfing zu vibrieren. Ich dachte über die vielen Möglichkeiten nach, die das Leben an Erfahrungen bietet, und dass das Schicksal nicht das ist, für was die Menschen es halten - nämlich vorausbestimmte Parameter mit begrenzten Möglichkeiten. Dann erhob ich mich und mein Lehrmeister nickte mir zu. Ich sah den Jungen an und sagte: »Komm, Carl, lass uns was unternehmen.«

Carl ist nicht immer bei mir, sondern er besucht mich von Zeit zu Zeit aus einer Ebene, die ich Ebene Siebzehn nenne, und gelegentlich besuche ich ihn dort. Hier kann man andere so einfach besuchen und sich mit ihnen verbinden, als würde man seiner Tante und seinem Onkel einen Besuch in Indiana abstatten. Dann gehen wir spazieren oder schwimmen, denn Carl liebt das Wasser. Außerdem streichelt er Andy stundenlang, so dass ich ihn manchmal ermahnen muss, den Hund nicht so lange zu streicheln, sonst bekommt er noch kahle Stellen. Und Wyrme macht auf Carls Schoß lange Nickerchen, während Carl vor Freude strahlt.

Nachdem ich Carl gefunden hatte, machte ich mich auf die Suche nach anderen Familienmitgliedern und fand mehrere von ihnen auf verschiedenen Ebenen, ähnlich wie wenn man einen Verwandten auf der Erde besucht, der in einem anderen Land lebt. Glaubenssysteme, Lebenserfahrungen und unterschiedliche Arten von Bewusstsein bestimmen, auf welcher Ebene man sich wiederfindet. Der Vater meiner Mutter starb vier Monate vor mir. Er denkt anders als ich, und deshalb sind seine Erfahrungen auch andere als meine, doch als ich ihn auf Ebene Zwölf besuchte, erkannte er mich auf Anhieb und begrüßte mich mit einem herzlichen »Hallo, Galen!« Von ihm erfuhr ich eine Menge über meine Verwandtschaft, doch ich habe auch Freunde, Lehrer und sogar eine andere Mutter gefunden, mit der ich eine Vereinbarung hatte. Wie Carl ist auch sie ein Familienmitglied, das nicht Teil meiner irdischen Familie war. Sie hätte mich allein erzogen, aber dann hätte ich meinen Vater nie kennengelernt. Da weder mein Vater noch ich das wollten, begegnete er dieser Frau nie auf Erden und die Vereinbarung wurde aufgelöst.

◆

Anmerkung des Herausgebers:
Für einen Moment bedauerte ich es in gewisser Weise, dass Carl nicht zu meiner Familie gehört hatte, doch letztendlich muss ich glauben, dass der Weg, den wir gegangen sind, genau das war, was geschehen musste, und exakt der Weg war, der meiner Seele, Galens Seele und sogar Carls Seele weitergeholfen hat. Es scheint, als hätte Carls Seele ihn in eine unschuldigere Zeit versetzt, in der er die Liebe und Unterstützung einer Familie erlebte, und ihn dann von dort weggebracht, bevor er seine eigene Unschuld verlieren konnte.

Als ich Galen fragte, warum Carl in einem halben Jahrhundert nicht auf der persönlichen Ebene gereift ist, erhielt ich die Antwort, dass seine Reife auf einer energetischen Ebene stattfand, die Galen erlebte, als Carl seine Hand nahm. Auf Galens Ebene kann man sein Äußeres verändern, doch auf Carls Ebene wird das nicht gelehrt. Die bewusstseinserweiternde Eigenschaft der Ebene Einundzwanzig, die an Science-Fiction erinnert und einem die Gelegenheit bietet, mit diesen Energien zu arbeiten, findet sich nicht auf Ebene Siebzehn. Da Carls irdische Welt klein war, hatte seine Persönlichkeit nicht das Fundament, das sie gebraucht hätte, um alles, was er gelernt hatte, zu integrieren. Dennoch war Carl in der Lage, Galen zu finden, zu reisen und Galens Äußeres sowie seine tierischen Begleiter nachzuahmen. Wie Galen berichtet, lernt Carl nun, was man auf Ebene Einundzwanzig alles machen kann, und er erzielt gute Erfolge.

Auch wenn Galen erwähnt hat, dass sein Übergang auf zahlreichen Ebenen hilfreich war, hat er trotzdem häufig hinterfragt, was ihm zugestoßen ist. Als Carl in Galens Leben nach dem Tod auftauchte, untersuchte Galen immer noch, warum er auf diese Weise aus dem Leben hatte scheiden müssen, und Carl offenbarte ihm ein weiteres Puzzleteil: all die Vereinbarungen, die die Seele noch vor der Geburt des Menschen trifft. Das half Galen, den Grund seines Ablebens besser zu verstehen.

Wir sind auf dem Weg, auf dem wir uns wiederfinden, nicht so gefangen, wie wir vielleicht glauben. Wenn die Seele viele Wahrscheinlichkeiten im Voraus entworfen hat, braucht man sich nur für eine andere Erfahrung zu entscheiden und danach zu handeln.

Was Galens Großvater mütterlicherseits angeht, so war er ein freundlicher, beinahe kindlicher Mann, der von Diabetes und in den letzten Lebensjahren auch noch von Demenz geplagt worden war. Überraschenderweise konnte Galen mich mit ihm zusammenbringen, da Mr. Henderson genauso viel Interesse daran hatte, mit mir zu sprechen, wie ich mit ihm. Als würde ich Telefonieren spielen, schicke ich ihm ein lautes »Hallo, Mr. Henderson«, ohne zu wissen, wie gut der Empfang an seinem Ende war.

Er lamentierte, dass keiner seiner irdischen Verwandten zu ihm Verbindung aufgenommen hätte und er immer noch nicht wüsste, wo er sei. »Keiner hat mit mir geredet. Keiner hat es mir gesagt«, jammerte er. Ich schloss daraus, dass ein Teil seiner Persönlichkeit immer noch in der Demenz verharrte, die ihm nur ein schwaches Bewusstsein seines Todes ermöglicht hatte.

Er hörte aufmerksam zu, als ich mit ihm sprach, da wir einander immer respektiert hatten. Ich eröffnete ihm vorsichtig, dass sein Herz aufgrund der Diabetes versagt hatte und dass er sich keine Sorgen zu machen brauchte, da alle Bescheid wüssten. Er fragte mich, ob das auch auf seine Frau zutreffe. Offensichtlich wusste er nicht, dass sie sich in seinen letzten Lebensjahren von ihm hatte scheiden lassen und einen alten Schulfreund geheiratet hatte – aber das wollte ich ihm auf keinen Fall sagen. Er dankte mir und stieß ein herzliches »Ha!« der Akzeptanz aus, so als hätte ich ein fehlendes Puzzleteil beigesteuert.

Anscheinend demonstrierte Mr. Henderson mir, was passiert, wenn nicht richtig Abschied genommen wird, vor allem wenn der Mensch gar nicht weiß, dass er stirbt. Im Gegensatz dazu hat Galen, den das nicht betraf, die Fähigkeit zu verstehen, was mit seinem Körper geschah, als er aus ihm herausschlüpfte. Galen entschied sich dafür, seinen Körper ohne Angst oder Verwirrung loszulassen, auch wenn er sich in dem Moment dieser Entscheidung nicht vollkommen bewusst war. Bei Mr. Henderson stellte ich fest, dass es nur eines Augenblicks der Verbundenheit bedarf, um das fehlende Bewusstsein zu entfachen. Alles, was ich tun musste, war, die Erklärung mit meiner Absicht auszusenden, ohne mir darüber Sorgen zu machen, ob die Botschaft ankam oder verstanden wurde.

Kapitel 11

Wyrmes Haar

Carl neigt ein wenig zur Besessenheit. Er konzentriert sich intensiv auf alles, was er sieht – und zeigt wie Andy, der bewiesen hat, dass er viel mehr als nur ein Hund ist, dadurch Fähigkeiten, die über die eines durchschnittlichen Achtjährigen hinausgehen. Als wir eines Tages wieder einmal neben Wyrme auf meinem Felsen saßen, musterte Carl Wyrme intensiver als sonst. Er starrte ihn von einem Ende des Steins an und ging dann ans andere Ende, von wo aus er Wyrme erneut betrachtete.

Nachdem er das mehrmals wiederholt hatte, fragte ich ihn: »Was machst du denn da, Carl?«

»Irgendetwas an Wyrme ist anders als sonst«, antwortete er und konzentrierte sich auf einen bestimmten Punkt auf Wyrmes Rücken.

Es fiel mir schwer zu erkennen, was Carl sich ansah, weil Wyrme gleichzeitig an meinem Felsen und an mir klebte. Um Wyrme hochzuheben, muss man eine bestimmte Methode anwenden, weil er sich an alles, mit dem er in Berührung kommt, heften kann, wenn er nicht loslassen will. Man kann ihn daher nicht wie einen Welpen oder ein Kätzchen hochheben. Am leichtesten lässt er sich hochheben, wenn er sich zu einer pelzigen Kugel zusammengerollt hat. Daher bat ich Wyrme, sich zusammenzuziehen. Als er es tat, regte Carl sich darüber auf, dass das, was er mit dem Blick fixiert hatte, verschwunden war. Sein Jammern veranlasste Andy dazu zu bellen, was zu einer recht chaotischen Szene führte. Als Carl sich wieder beruhigt hatte, fragte ich ihn, was er gesehen hatte.

»Ich habe in Wyrmes Pelz die Sterne gesehen«, antwortete er erregt.

Ich hatte noch nie Sterne in Wyrmes Pelz gesehen, und so brachte ich Wyrme dazu, sich auf Carls Schoß auszustrecken. Ich bückte mich, um Wyrme zu inspizieren, doch ich konnte nichts außer seinem gewöhnlichen Fell erkennen. Dann ging ich zur anderen Seite des Felsens, die von der Sonne noch stärker beschienen wurde, und entdeckte schimmernde Perlen, die wie Tautropfen an mehreren Haaren hingen.

»Siehst du die Sterne?«, fragte Carl, der seine Faszination unbedingt mit mir teilen wollte. »Kannst du sie sehen?«

»Ich sehe winzige Tropfen, aber sonst nichts«, antwortete ich.

Ungeduldig riss Carl Wyrme plötzlich ein Haar aus dem Fell. Entsetzt wich ich ein paar Schritte zurück, weil ich nicht wusste, wie Wyrme darauf reagieren würde. Niemand hatte ihm je ein Haar ausgerissen, und er reagierte sofort darauf, indem er sich zu einer festen Pelzkugel zusammenrollte, die vom Felsen rollte, bis ich sie ergriff und in meine Tasche steckte.

»Sieh es dir durchs Sonnenlicht an«, drängte Carl mich.

Er hielt mir das winzige Haar hin, und ich hielt es in die Sonne. Ich hatte mir Wyrmes Fell noch nie aus dieser Nähe angesehen. Das Haar hatte einen dünnen Schaft, der an den einer Feder erinnerte, doch im Gegensatz zu einer Feder wuchs zarter Flausch aus dem Schaft in Wyrmes Haar. Indem ich mich so darauf konzentrierte, als würde ich durch ein Portal gehen, konnte ich kleine Bilder in den Farben des Regenbogens, die Prismen glichen, auf der Oberfläche der Tröpfchen erkennen. Dann sah ich etwas, was mich beinahe dazu brachte, das Haar fallen zu lassen. Was ich zuerst für die schillernde Oberfläche der Tropfen gehalten hatte, waren winzige Wyrmes, die Purzelbäume über die Oberfläche schlugen! Es war, als würde ich einen Wassertropfen unter einem

Mikroskop in Biologie untersuchen und winzige einzellige Organismen erkennen, die sich quer durch den Tropfen bewegten.

Staunend setzte ich mich wieder auf den Felsen und fragte Carl: »Wie konntest du das sehen?«

»Ich habe kleine Lichtstrahlen gesehen und wollte wissen, wo sie herkommen«, antwortete er.

Ich hatte noch nie Lichtstrahlen an Wyrme gesehen, doch ich wusste, dass Carl die Dinge anders wahrnahm. Auch wenn es so schien, als würde ich beinahe jeden zweiten Tag mit Fragen zu meinem Lehrmeister rennen, hatte ich keine andere Wahl. Ich musste ihn wieder einmal aufsuchen.

»Ich glaube, ich habe jetzt etwas über Wyrme begriffen«, sagte ich zu ihm, während ich ihm vorsichtig Wyrme überreichte. »Sieh ihn dir im Licht näher an.«

Während mein Lehrmeister ihn gegen das Sonnenlicht hielt, das in sein Arbeitszimmer schien, fragte ich: »Siehst du die Wyrmes?«

»Nein.«

»Schau ihn dir genauer an«, drängte ich ihn. Die Vorstellung, meinen Lehrmeister etwas zu lehren, machte mir Spaß.

Viele Minuten vergingen. Dann huschte ein Ausdruck des Staunens über sein Gesicht. Das freute mich ungemein, da mein Lehrmeister nur selten Gefühle zeigte. Er saß in Gedanken versunken in seinem Sessel und meinte schließlich: »Ich glaube, diese Kreatur ist ein Hologramm und dass sie sich selbst holografisch vermehrt, wenn es nötig ist. Wahrscheinlich könnten wir dieses Haar hier nehmen und daraus einen zweiten Wyrme wachsen lassen, wenn das seine Bestimmung ist.«

Ich erinnerte mich, dass er die Silberbecher mit einer ähnlichen Erklärung beschrieben hatte, doch ich war nicht sicher, was er meinte, da nach meinem Wissen ein Hologramm ein 3-D-Bild ist, das ein echtes dreidimensionales Abbild des Ursprungsgegenstandes wiedergibt. Ich bemühte mich daher zu verstehen, was er in diesem Zusammenhang mit dem Wort *Bestimmung* meinte. Dennoch faszinierte mich die Vorstellung einer zweiten solchen fantastischen Kreatur, und ich stieß aus: »Dann lass uns herausfinden, ob wir noch einen wachsen lassen können!«

»Nein, das haben wir nicht zu entscheiden«, betonte mein Lehrmeister. Er erklärte, dass wir womöglich das feine Gleichgewicht im Universum dieser seltenen Geschöpfe zerstören könnten, wenn wir ohne Erlaubnis aus einem Haar einen Wyrme wachsen ließen. »Es macht sein Wesen aus, dass er selbst entscheiden kann, wann er erscheint und wann nicht«, fügte mein Lehrmeister hinzu. Dann händigte er mir das Haar wieder aus, das ich sehr vorsichtig wieder an Wyrme befestigte. Ich war froh, dass es an ihm kleben blieb, und hoffte, dass die zahlreichen Prototyp-Wyrmes, die auf dem Haar lebten, keinen Schaden genommen hatten.

Ein wenig verlegen, weil ich mich von meinem Wunsch hatte lenken lassen, bat ich meinen Lehrmeister, mir zu erklären, was ein Hologramm sei.

»Es gibt im Universum Teile des Ganzen, die zusammenwirken, um sich physisch zu Wesen oder Planeten zu manifestieren. Nichts im Universum ist von allem anderen wirklich getrennt, und daher ist jeder Teil des Universums für einen anderen Teil wichtig. Ein Geschöpf zu haben, das in sich ein holografisches Bild ist, und diese Ganzheit in seinem Wesen sehen zu können, ist wirklich etwas Magisches. Wyrme kann sich aus einem winzigen Haar immer wieder selbst reproduzieren.«

»Vielleicht gibt es ja nur einen Wyrme und alle anderen sind nur Spiegelungen seiner selbst«, sagte ich.

»So ähnlich wie die Quelle und die Seele«, ergänzte mein Lehrmeister. »Ich war schon immer überzeugt davon, dass es irgendwo im Universum eine Darstellung dieses Bezugs gibt, und Wyrme könnte eine Darstellung der Quelle sein, die sich selbst erschafft, um Erfahrungen zu sammeln und sich mit anderen zu verbinden.«

Es war äußerst interessant zuzusehen, wie mein Lehrmeister die Möglichkeiten abwog und eine neue Erkenntnis erlangte, statt nur etwas zu wiederholen, was er schon gewusst hatte. Ich weiß zwar immer noch nicht, was Wyrme eigentlich genau ist, aber ich bin froh zu wissen, dass er nie durch Missbrauch oder Überstrapazierung verloren gehen wird, solange auch nur das kleinste Teilchen von ihm, das das Ganze darstellt, vorhanden ist. Meine Gedanken wanderten zurück zur Erde, deren Atmosphäre sich in einem zerbrechlichen Gleichgewicht befindet und immer näher an eine Katastrophe heranrückt, die einen Großteil der Lebensformen auf Erden zerstören könnte. Ich gehe davon aus, dass der Planet dies zwar überleben würde, doch das Leben, das ihn jetzt bevölkert, sich selbst neu erschaffen müsste.

Auf meiner Ebene begreift jeder, wie alles miteinander verbunden ist und wie sich alle Aspekte des Lebens ins Ganze integrieren. Wenn ich mich auf der Erde zeigen könnte, wäre meine Botschaft: »Alles ist so tief mit allem anderen verbunden, dass das gesamte Leben Schaden nimmt, wenn wir ein Ungleichgewicht verursachen. Das ist ein Gesetz und eine Wahrheit des Universums.« Ich habe mit meinem Lehrmeister über das derzeitige Ungleichgewicht auf der Erde gesprochen, und wie er mir erklärt hat, bedeutet das, dass die jetzigen Erdbewohner durch eine andere Erfahrung ersetzt werden müssen, auch wenn sich die Erde an sich weiterentwickeln wird. Durch ein Ungleichgewicht entsteht ein anderes Gleichgewicht.

Obwohl ich »im Himmel« bin, mache ich mir große Sorgen um das irdische Leben, da es auch Auswirkungen auf meine Entscheidungen hat. Sollte ich für eine weitere menschliche Erfahrung zur Erde zurückkehren wollen, kann ich das womöglich nicht mehr, wenn es dann auf der Erde keine Menschen mehr gibt. Der unbewusste Weg, auf dem sich die Menschheit befindet, wirkt sich eindeutig auf viel mehr aus als nur auf die Erde selbst, wie mir die Lektion über Carl gezeigt hat, dessen Optionen im Leben geändert wurden, weil bestimmte Entscheidungen nicht zusammenpassten und Carls Seele dazu zwangen, andere Entscheidungen zu treffen. Alles, was wir tun, wirkt sich auf alles andere aus. Jeder Teil enthält den Schlüssel zu einem anderen.

Anmerkung des Herausgebers:
Die Erde ist ein atemberaubend schöner Planet, und es ist ein Privileg, hier sein zu dürfen, auch wenn diese Erfahrung für mich mit Wehmut verbunden ist. Die Verschmelzung von Illusion und Realität – oder das, was wir als Realität wahrnehmen – macht die Erfahrung aus und macht die Erde zu einer unglaublich lehrreichen Schule. Galen sagte mir, dass er keine Kritik üben möchte, sondern nur berichtet, dass getroffene Entscheidungen die Optionen einschränken, die denjenigen zur Verfügung stehen, die zur Erde zurückkehren wollen.

Da nur ganz wenige Menschen auf der Erde den Unterschied zwischen Wunsch und Bedürfnis verstanden haben, ist vieles, was hier passiert, aus dem Gleichgewicht geraten. Etwas zu wollen, ohne es zu brauchen oder ohne das ganze Ausmaß unseres Wunsches zu begreifen, stört das Gleichgewicht. Außerdem werden diejenigen, die den Bezug, den alles zueinander hat, und das zerbrechliche Gleichgewicht der Umweltfaktoren nicht verstehen, höchstwahrscheinlich weiterhin ein Ungleichgewicht herstellen, das sich immer negativer auf das irdische Leben auswirken wird. Es ist beunruhigend, dass die andauernde Zerstörung der Biosphäre durch ein paar geldgierige Leute erfolgt, die in ihrer blinden Überheblichkeit keine Ahnung haben, dass es einen kritischen Punkt gibt, an dem keine Umkehr mehr möglich sein wird.

Wir haben es anderen erlaubt, unseren Verstand und unseren Körper unter ihre Kontrolle zu bekommen, doch niemand kann die Kontrolle über unsere Seele an sich reißen. Als eine Folge der Polarität wütet hier auf Erden ein ständiger Krieg. Und auch wenn wir die Polarität nicht ausrotten können, können wir uns dennoch dazu entscheiden, sie einzuschränken und davon abzuhalten, zu extrem zu werden. Wenn wir jedoch weiterhin aus Blindheit und Illusion handeln, werden wir uns wahrscheinlich selbst ausrotten. Im Universum wird es dann zwar immer noch Menschen geben, aber keine Erdbewohner mehr.

Die Wahl zu haben, ist das mächtigste Mittel, das man auf Erden einsetzen kann. Wir lassen zum Beispiel die Energieproduktion aus Kohlekraftwerken zu, obwohl diese Energie Treibhausgase freisetzt und den Boden, die Gewässer und die Luft mit Blei vergiftet. Diejenigen, die diese Industrie unter ihrer Kontrolle haben, weigern sich, ihre Methoden zu ändern, obwohl sie es könnten. Obwohl Galen in einer Dimension lebt, die keine Polarität als Lehrmittel einsetzt, wirkt sie sich letztendlich auch auf seine Entscheidungen aus. Man kann zwar den Menschen aus der Polarität entfernen, aber man kann die Polarität nicht aus dem Menschen entfernen. Schlussendlich kann das menschliche Wesen und die Gesellschaft, aus der Galen stammt, das menschliche Potenzial, vernünftige Entscheidungen zu treffen, verzerren. Im Gegensatz dazu hat Galen rasch begriffen, dass sein Wunsch, noch mehr Wyrmes zu haben, die Realität an sich aus dem Gleichgewicht gebracht hätte und dass ihm noch eine andere Wahl zur Verfügung stand. Das Fehlen einer solchen Erkenntnis, die den Unterschied zwischen Wunsch und Bedarf sieht, ist die Ursache dafür, dass die Dinge auf der Erde so aus dem Gleichgewicht geraten sind.

Kapitel 12

Hin und zurück

Ich liebe die Erde sehr. Mir liegen die Menschen am Herzen, die auf ihr leben, und die Tiere, die auf ihr laufen, hocken und schwimmen. Viele der Szenen, die ich erschaffe, sind die wunderschönen irdischen Landschaften, an die ich mich erinnern kann – im Gegensatz zu einigen meiner Freunde, die fantastische außerirdische Welten kreieren. Ich neige nicht nur dazu, ein bisschen konservativ zu sein und vertrauten Dingen treu zu bleiben, sondern werde auch sehr emotional, wenn ich an den geliebten Planeten denke.

Eines Tages hatte ich besonders viel über mein irdisches Leben nachgedacht, und plötzlich stieg eine riesige Sehnsucht in mir hoch – das Gefühl von Einsamkeit oder Leere, als würde etwas fehlen. Anfangs hatte ich dieses Gefühl hier oft gehabt, doch es war seltsam, es jetzt zu empfinden, da alles hier es mir ermöglicht, mir ein festes emotionales Fundament aus Trost und Geborgenheit aufzubauen. Ich fragte mich, ob die Sehnsucht und innere Leere etwa bedeuteten, dass ein Mitglied meiner irdischen Familie auf unsere Seite überwechseln würde. Daher überprüfte ich, wie es meinem Vater ging, doch soweit ich sehen konnte, war alles in Ordnung. Andere hatten erwähnt, dass sie eine Nachricht erhalten würden, bevor ein Verwandter von ihnen von der anderen Seite herkommen würde, und dass manchmal sogar ihr Lehrmeister sie holen käme, wenn sie unter den Verwandten sein sollten, die die betreffende

Person zu sehen erwartete. Doch ich hatte weder ein drängendes Gefühl noch bekam ich Besuch von meinem Lehrmeister.

Da die Sehnsucht mich beunruhigte, bat ich Andy, sich neben mich zu legen, und ich holte den schnurrenden Wyrme aus meiner Tasche. Ich hatte ein starkes Verlangen, mit jedem aus meiner Familie zu reden. Ich dachte daran, wie sehr ich meine Großmutter liebte und wie sie mich voller Bewunderung angesehen hatte, wodurch ich mich immer als etwas Besonderes gefühlt hatte. Ich dachte an meine Mutter und erinnerte mich an ihr schönes Profil, wenn ich sie dabei beobachtet hatte, wie sie in die Ferne geblickt oder einen Hund gestreichelt hatte, so wie ich jetzt Andy streichelte. Ich dachte an die Gespräche mit meinem Vater, an seine Witze und an die stillen Momente, in denen er mich begeistert anfeuerte, Neues zu lernen und zu erleben. Ich liebte die Neugier, die er in mir erweckt hatte.

Als die Sonne untergegangen war, ging ich in mein Haus zurück und legte mich schlafen. Meistens schlafe ich unter den Sternen, aber manchmal schlafe ich lieber in einem Bett, so wie an diesem Abend. Ich wollte mich so geborgen wie ein Mensch und als Teil einer Familie fühlen. Traumartige Erlebnisse ereignen sich hier im Wachzustand; daher braucht man nicht zu schlafen, um eine Unterhaltung mit sich selbst zu führen, was Träume häufig sind. Ich bettete den Kopf auf ein Kissen und mir war, als wäre ich richtig eingeschlafen und würde träumen. In diesem Traumzustand befand ich mich in einem ganz langen Flur mit bogenförmiger Decke, der an die Korridore von Toontown in Disneyland erinnerte und von bunten, surreal wirkenden Lichtern an den Wänden beleuchtet wurde. Ich hörte jemanden am anderen Ende des Flurs gegen eine Tür schlagen und um Einlass betteln. Ich spürte zwar, dass Andy und Wyrme mich auf etwas aufmerksam machen wollten, doch ich konnte nicht aufwachen, da irgendeine Macht mich zurückzuhalten schien.

Ich wartete sehr lange in diesem surrealen Flur. Dann ging die Tür am anderen Ende des Flurs krachend auf und ich hörte dröhnende Schritte, die wie die eines schweren Mannes in Stiefeln klangen und immer näher kamen. Doch der Flur war so lang und das Licht so seltsam, dass ich die Gestalt nicht erkennen konnte. Ich hörte immer noch das Betteln einer Person und wurde unruhig, als ich mir einen Holzfäller in Gestalt einer großen Comicfigur vorstellte, der auf mich zurannte. Schließlich konnte ich erkennen, dass die Gestalt mein Vater war. Das machte mir große Angst, da ich nun glaubte, er sei gestorben, auch wenn ich den Übergang anderer Menschen schon oft miterlebt hatte und er gewöhnlich nicht auf diese Weise vonstattenging.

Ich sprang in die Mitte des Flurs, als mein Vater – halb Comicfigur und halb Mensch – immer näher kam und dabei immer menschlicher wurde. Er schien fest entschlossen zu sein, durch diesen Flur hereinzukommen. Er riss die Augen auf und Tränen strömten ihm über die Wangen, als er den Arm ausstreckte, um mich zu berühren.

»Galen, ich habe dich gefunden! Komm her!«, rief er.

Irgendwie hatte mein Vater anscheinend ein Portal entdeckt und geplant hindurchzugehen, um mit mir zu leben, aber so läuft das hier nicht. Ich hatte ein ungutes Gefühl, da ich nicht wusste, was aus seinem irdischen Leben oder seinem irdischen Körper werden würde, wenn er nicht nachgab, und ich befürchtete, dass er in diesem Flur stecken bleiben könnte, so wie die Menschen in den Fenstern gefangen waren.

»Die Zeit ist noch nicht gekommen. Du kannst nicht auf diese Weise bei mir sein. Ich verspreche dir, dass wir sehr bald miteinander sprechen und zusammen sein werden. Aber nicht jetzt in diesem Augenblick«, warnte ich ihn.

Bevor er noch irgendetwas sagen konnte, versetzte ich seiner Brust einen so starken Schubs, dass er die ganze Flurlänge zurückgestoßen wurde und ich ein Krachen hörte, als er durch die Tür am anderen Ende fiel. Ich hatte ihm buchstäblich einen allmächtigen Stoß versetzt und frage mich immer noch, ob es wirklich nötig gewesen war, ihn mit solcher Härte zurückzustoßen. Da wurde mir klar, dass die Leere, die ich gespürt hatte, die Angst gewesen war, er könnte in diesem seltsamen Flur stecken bleiben. Doch es war nicht *meine* Angst gewesen.

Abrupt richtete ich mich im Bett auf. Ich zitterte am ganzen Körper, und der Schweiß rann mir übers Gesicht. Andy stupste mich am Arm an, und Wyrme hampelte auf meinem Körper herum. Ich blieb eine ganze Weile auf der Bettkante sitzen, um mich wieder zu sammeln. Da ich durch den Traum die Orientierung verloren hatte, war mir, als müsste ich jeden Finger und alle Zehen zählen, um mich zu vergewissern, dass noch alles da war, doch zum Glück war das Gefühl der Leere wie weggeblasen.

Am nächsten Morgen schien alles ganz normal zu sein. Nichts in meiner Umgebung deutete auf das Erlebnis der vergangenen Nacht hin. Ich beschloss, meinen Lehrmeister zu fragen, was das Geschehen zu bedeuten hatte, und dann den Tagesunterricht zu besuchen.

Als ich das Arbeitszimmer meines Lehrmeisters betrat, konnte er an meinem Gesicht ablesen, dass etwas nicht in Ordnung war. Er fragte: »Galen, was ist los mit dir?«

Ich schilderte meine Erlebnisse vom Vortag, von meinem Gefühl der Leere bis hin zu dem Traumzustand, in dem ich meinem Vater in dem surrealen Flur begegnet war. Er hörte aufmerksam zu, da meine Verwirrung über das Erlebte mir deutlich anzumerken war.

»Ich hätte nicht gedacht, dass man in dieser Dimension träumen kann«, sagte ich.

»Nein, normalerweise träumt man hier auch nicht, obwohl es nicht unmöglich ist, wenn man unbedingt einen Ort der unbewussten Verbindung aufsuchen muss. Das musste Matthew, um das erste Gespräch mit dir führen zu können, als dir alles an dieser Dimension noch neu und fremd war. Es gibt also Zeiten, in denen man sich in eine unbewusste Traumsphäre begeben muss, um eine Botschaft überbringen zu können.« Dann erklärte mir mein Lehrmeister, dass ich mich auf dieses Ereignis vorbereitet hatte, auch wenn es nicht real wirkte, weil die unbewusste Energie nur selten real scheint. Wie er mir sagte, vermisste mein Vater mich so sehr, dass er alles tun würde, um mir hier zu begegnen und mir mitzuteilen, was er mir zu sagen hatte.

»Weil das Band zwischen euch beiden so stark ist und weil ihr energetisch so viel miteinander teilt, ist er über ein unbewusstes Portal buchstäblich in diese Dimension herübergekommen«, erklärte er.

»Ich hatte Angst, dass er nicht mehr derselbe sein würde, wenn ich ihn nicht davon abhalte, und deswegen habe ich ihn aus dem Portal geschubst, damit er den Weg zurück in sein Leben findet«, sagte ich.

Wie mein Lehrmeister mir nun erläuterte, hatte mein Vater ein so starkes Verlangen und Bedürfnis, Verbindung zu mir aufzunehmen, dass wir uns in diesem Raum tatsächlich berührt hatten. Mir wurde klar, dass das stimmte, selbst wenn ich das exakte Gefühl seiner Hand auf meiner Schulter oder die Schwingungen seiner Stimme nicht erschaffen kann, weil wir uns in verschiedenen Dimensionen befinden.

»Du hast ihm das Leben gerettet – und nicht nur das irdische Leben. Ich verspreche dir, dass du dich mit deinem Vater austauschen wirst, wenn auch auf eine andere Weise. Dein Vater wurde buchstäblich von jemandem aus dieser Dimension berührt, der ihn sehr liebt, und sein Herz wird nie mehr sein wie vorher.«

»Was meinst du damit, dass ich ihm das Leben gerettet habe?« Ich hoffte immer noch, alles besser verstehen zu können.

»Das unbewusste Portal führte direkt in eine antimaterielle Dimension hinein, und wäre er weitergegangen, wären alle Erfahrungen und Weisheiten, die er sich als Ken angeeignet hat, sowie alles, was er als Teil einer spirituellen Erblinie in sich trägt, für immer verloren gewesen. Zum Besten aller hat seine Seele dafür gesorgt, dass du da warst, um ihm das Leben zu retten und ihn nicht von seinem Weg abkommen zu lassen. Deswegen konntest du nicht aufwachen. Du wurdest zum Wärter, der alles, was den Flur entlangkam, daran hinderte hindurchzugehen – in diesem

Fall einen trauernden Vater, der nur seinen Sohn wiedersehen wollte. Alles andere war ihm egal; so stark ist seine Liebe. Es war ein sehr intensiver Moment der Entscheidungen, da es nicht darum ging, ob er in der einen oder der anderen Dimension sein würde, sondern darum, dass er *gar nicht* gewesen wäre. Dadurch wäre ein Teil der Erblinie seiner Seele entfernt worden, und das hätte ein großes Loch in seinen Becher geschlagen.

Ohne der Seele, die neutral ist, Emotionen zuzuschreiben, würde ich sagen, dass die Seele deines Vaters ihn und all den Reichtum, den er ihrer Erfahrung hinzufügen kann, nicht verlieren wollte. Kurz gesagt, es hätte nicht dem höchsten Wohl aller gedient, wenn dieses Erbe verloren gegangen wäre.«

»Mein Vater hat mich oft gerettet, und so war ich froh, zur rechten Zeit am rechten Ort zu sein, um ihn zu retten«, sagte ich.

»Und dadurch, dass ihr euch begegnet seid, habt ihr euch beide verändert«, erwiderte mein Lehrmeister.

Ich erinnerte mich wieder daran, wie ich als Kleinkind, das kaum laufen konnte, glaubte, ich könnte so wie mein Vater vor mir die Treppe in unserem Haus hinuntersteigen, doch stattdessen fiel ich die Stufen hinunter. Mein Vater tauchte aus dem Nichts auf und fing meinen Kopf mit der rechten Hand ab, bevor mein Schädel unten an der Sockelleiste aufschlagen konnte. Wäre er in diesem Augenblick nicht zur Stelle gewesen, dann hätte ich die schweren Kopfverletzungen vermutlich nicht überlebt. In gewisser Weise hatte ich mich dafür revanchiert, indem ich im Flur stand, in den er hineinplatzte, doch ironischerweise drückte sich die Intuition und Liebe, die mich ihn retten ließ, nicht in einer sanften Hand am Hinterkopf aus, sondern in einem kräftigen Stoß, der ihn unsanft hinausbugsierte.

Das Erlebnis mit meinem Vater beschäftigte mich noch eine ganze Weile, während ich darüber nachdachte, wie stark der Wille der Wesen, die in physikalischer Gestalt inkarnieren, ist. Sie brauchen viel Stärke, weil der menschliche Körper eine Maschine in ständiger Bewegung ist, die Willenskraft erfordert. Es war die Macht dieser

Willenskraft, die meinem Vater diese Erfahrung ermöglichte. Wie es scheint, liegt die Herausforderung darin, das Gleichgewicht zwischen Willen und der Führung des Herzens zu halten.

• ◆ •

Anmerkung des Herausgebers:
Die von Galen erwähnten Ereignisse hatten auch eine tiefe körperliche und emotionale Auswirkung auf mich. Hinsichtlich Galens Erlebnis als Kleinkind in unserem Haus in Altadena, Kalifornien, hatte ich gerade die Küche betreten, nachdem ich die Treppe hinuntergegangen war, als ich mich sofort um hundertachtzig Grad drehte, um zum unteren Treppenabsatz zu hechten, weil ich das Gefühl hatte, dort gleich gebraucht zu werden. Galen war schon die halbe Treppe hinuntergestürzt, und ohne nachzudenken, hielt ich meine rechte Hand an die Stelle, an der sein Kopf gleich an der Sockelleiste aufschlagen würde. Wie durch ein Wunder landete sein Kopf genau an der Stelle, an die ich meine Handfläche hielt, um ihn aufzufangen. In diesem Augenblick tat ich intuitiv das, was für alle das Beste war. In diesem Augenblick gab es keine Trennung, und die Entscheidung, auf meine Intuition zu hören, war goldrichtig gewesen.

Meine Stippvisite ins Jenseits ereignete sich Mitte Juni 2009, ein paar Tage vor dem Datum, an dem Galen seinen achtzehnten Geburtstag gefeiert hätte. Ich wollte so sehr mit ihm reden, dass ich den folgenden Eintrag in mein Journal machte, der meinen Geisteszustand nur wenige Stunden vor meinem versuchten Übergang offenbart:

Ich weiß nicht, was ich mit diesem Teil meiner Psyche machen soll – dem Teil, der die Verantwortung trug, Galen zu beschützen und ihn großzuziehen –, denn er fühlt sich an wie ein Glücksbringer, der versagt hat, ein bisschen wie der Glücksbringer, der am

Haus von Harry Potters Onkel und Tante am Privot Drive angebracht wurde, um alles »Böse« von Harry fernzuhalten, wenn er dort bis zu seinem siebzehnten Geburtstag bleiben würde. So weit hätte ich ihn auch beinahe gebracht, doch er verließ das Haus am Privot Drive, bevor er siebzehn wurde.

Vielleicht verdreht mein erwachsener Sohn wegen meiner Worte jetzt die Augen. Meine Bemühungen hier werden nicht von Schuldgefühlen angetrieben – wenn überhaupt, dann von der Suche nach meiner eigenen Relevanz.

Ich war erleichtert, als ich erfuhr, dass mein kleiner Sohn da weitermachen würde, wo meine Lehren aufhören – dass er ein Philosoph oder Wissenschaftler werden würde –, doch ich musste mit meinen eigenen Lehren erst noch beginnen. Ich weiß noch, wie ich nach diesem Gespräch beinahe schwebte, weil ich soeben die Bestätigung erhalten hatte, dass mein Sohn erwachsen werden und die Lehren, die ich noch zu vermitteln habe, weitergeben würde. Kann ein Vater sich mehr wünschen als das? Es war nie meine Absicht gewesen, dass Galen in meine Fußstapfen treten würde. Er sollte nur die Freiheit haben, seinen eigenen Weg zu gehen, und anscheinend tut er das auch. Was für ein Erbe, das einer Welt hinterlassen wird, in der Leute, die die Wahrheit sagen und die nach der Wahrheit suchen, so dringend gebraucht werden – und dazu gehört Galen mit Sicherheit. Für mich besteht keine Trennung zwischen der Eigenschaft, Galens Vater zu sein, und meiner eigenen Relevanz auf diesem Planeten. Ich habe nicht das Verlangen, weiterhin ein Fremder auf diesem fremden Planeten zu sein, solange ich nicht in einer bewussten Beziehung zu meinem Sohn stehe und ihm und dem Stoff, aus dem das Leben gemacht ist, zu Diensten stehe. Eine Brücke zwischen den Welten zu sein, ist ein hoher Anspruch, aber ich habe eine Menge durchgemacht und lebe nun ein Leben, das sich eher wie ein Science-Fiction-Film anfühlt – und dazu noch kein besonders guter.

Man sagt: Bevor die Augen sehen können, müssen die Tränen versiegt sein. Ich bezweifle, dass meine Tränen je versiegen werden.

Ich weiß, dass Galens neues Leben ebenso erfüllt und reich ist wie jedes Leben, das er auf Erden hätte leben können, wenn nicht sogar noch erfüllter und reicher. Dennoch ist es traurig aber wahr, dass Erdbewohner es nicht so sehen – mit Ausnahme einer seltenen Johanna von Orléans oder eines Prinzen Siddharta haben sie weder ein Bewusstsein für noch einen Zugang zu diesem anderen Reich, außer vielleicht in einem flüchtigen Traum oder in den letzten Augenblicken ihres irdischen Lebens. Das Jenseits ist für alle – außer ein paar Auserwählten – ein Niemandsland. So mache ich hier also den Versuch, Peter Pan auf der Suche nach einem verlorenen Sohn zu sein, der jetzt ein Erwachsener ist, was den fehlenden Feenstaub umso trauriger macht, da ich mich so danach sehne, ihn an meine Brust drücken zu können.

Ich freue mich für dich, mein erwachsener Sohn – und so sehr ich auch alle unterschiedlichen Stadien deines Heranwachsens geliebt habe – sogar das des kleinen Jungen, mit dem ich auf der Suche nach seiner Mami die ganze Nachbarschaft abklappern musste –, wünsche ich mir schon so lange, dir beim Erwachsenwerden zuzusehen. Es war wirklich der erwachsene Galen, den ich unbedingt kennenlernen wollte. Wir müssen diesen anderen Weg einfach finden, und ich versuche es immer wieder. Ich wünsche dir an deinem achtzehnten Geburtstag das Allerbeste und hoffe, dass meine Person es bald schafft, mit dir zu reden.

Als ich das niederschrieb, hatte ich keine Ahnung, dass ich nur wenige Stunden davon entfernt war, selbst ins Niemandsland zu reisen. Ich nahm ein gutes Abendessen zu mir, saß an einem Fenster mit einer hübschen Aussicht auf Leute, die sich vor meinem Hotel in San Diego um ihre Boote kümmerten. Als ich wieder auf mein Zimmer ging, befand ich mich in einem ungewöhnlichen emotionalen Zustand. Ich hatte zwar keine Depressionen, doch wenn ich die Wahl gehabt hätte, hätte ich die Welt angehalten und wäre ausgestiegen.

Ich erinnere mich, dass ich in der Nacht in einem tranceähnlichen Zustand war. Ich war nur so weit präsent, dass ich vom Bett aufstehen und auf die Toilette gehen konnte. Doch dabei riss ich mir fast die gesamte Sohle eines Zehenballens ab. Der Grund, warum ich überhaupt auf die Toilette gehen musste, war, dass ich das Portal schon gefunden hatte. Es nannte sich das Indigo-Portal und muss noch in der irdischen Ebene verankert werden, um für Seelen, die zur und von der Erde reisen, als Autobahn zu dienen. Mein Körper glaubte daher, direkt vor dem Tod zu stehen, und bereitete sich darauf vor. Die blutigen Fußspuren im Badezimmer zeigten mir, dass ich es bis zur Tür geschafft hatte, bevor ich durch das Portal hindurchging oder das Bewusstsein verlor. Anscheinend dachte ich, ich könnte meinen Körper einfach mitnehmen, aber das ist natürlich nicht möglich. Warum oder wie ich das Portal entdeckt hatte, ist mir nicht klar, doch nachdem ich es gefunden hatte, reagierte mein Körper entsprechend, so als würde er den Tod erwarten, und er lag damit gar nicht so falsch.

Als ich schließlich die Augen wieder öffnete, lag ich mit dem Gesicht auf dem Boden, und es war eindeutig, dass ich einen unglücklichen Sturz erlitten hatte. Mein rechter Fuß lag in einer getrockneten Blutpfütze auf dem gefliesten Badezimmerboden, was mir sagte, dass ich mindestens eine Stunde lang bewusstlos gewesen sein muss. Ich lag mit dem Gesicht im Teppich und hatte eine komplizierte Fraktur an der Nasenscheidewand. Ich stand auf und ließ mich aufs Bett fallen. Ich war nicht sicher, wer ich war, außer dass ich Galens Vater war.

Nach ein paar Augenblicken fiel mir wieder ein, dass Galen nicht mehr auf der Erde lebte. Da dieser Moment sehr unangenehm war, verlor ich wieder das Bewusstsein. Ungefähr zwei Stunden später wachte ich erneut auf und hatte mich wieder so weit im Griff, dass ich wusste, wo ich war und dass ich in ein paar Stunden als Gutachter in irgendeiner Sache vor Gericht aussagen müsste, was aufgrund meiner Verwirrung eher fraglich war. Also rief ich einen befreundeten Arzt an, der im selben Hotel übernachtete, und informierte ihn, dass ich eine Art Unfall gehabt hatte. Er eilte sofort in mein Zimmer, und gemeinsam versuchten wir herauszufinden, was eigentlich passiert war.

Wir überlegten, ob ich die Notaufnahme aufsuchen sollte, doch da ich in der nächsten Stunde wieder klarer denken konnte, sagte ich, ich bräuchte nur hyperbaren Sauerstoff und einen guten plastischen Chirurgen. Ich hatte mir nämlich auch die Oberlippe durchgebissen. Trotz der leicht blutenden Lippe, die sich unter meinem dicken Schnauzer verbarg, fühlte ich mich in der Lage, vor Gericht auszusagen. Daher duschte ich und zog mich an.

Nach der Gerichtsverhandlung wurde ich zu einer Druckkammer für die hyperbare Sauerstofftherapie gefahren. Dann flog ich nach Santa Fe zurück, wo ich mich weiteren Sauerstofftherapien und einer Operation unterzog. Es dauerte Wochen, bevor ich mich wieder wohlfühlte in meiner Haut, so als müsste ich mich erst an meinen irdischen Körper gewöhnen. Ungefähr einen Monat später wurde meine Sehkraft allmählich immer besser, so dass ich irgendwann keine Brille mehr tragen musste. Vielleicht war das ein Trostpreis für meinen Besuch im Jenseits, der mir eine dauerhafte Narbe auf der Oberlippe und eine Nase, die sich nie mehr ganz erholen wird, eingebracht hat.

Irgendwann kam mir eine Erinnerung an diese Reise – wie es sich angefühlt hatte, zwischen einer antimateriellen Dimension und unserer materiellen Dimension zu stehen. An diesem Ort zwischen den Universen war meine Verzweiflung so intensiv, dass ich wusste, dass meine Psyche ihr nachgeben müsste. Das hätte zur Folge gehabt, dass ich mich nach einer begrenzten Phase auflösen würde. Irgendwie muss ich zwischen den beiden Dimensionen der Antimaterie und der Materie überlebt haben, denn sonst wäre ich zu dem Zeitpunkt, an dem mein Gesicht auf dem Boden des Hotels in Santa Fe aufschlug, tot gewesen. Wie mir gesagt wurde, änderte meine Seele anscheinend den Weg, den sie für ihre Erfahrung der irdischen Dimension gegangen war, und stand im Dienste aller und ihrer selbst an einem Portal, an dem ein Universum an das andere grenzt. Wäre ich den Flur weiter entlanggegangen, hätte sich nicht nur meine Persona aufgelöst, sondern auch die spirituelle Erblinie, die meine Seele in die Inkarnation als Ken investiert hat, wäre verschwunden, wie Galen es mir erklärte. Galen hat mich vor diesem Schicksal bewahrt.

Kapitel 13

Brock, der irdische Botschafter

*A*us dem Unterricht, an dem ich hier teilnehme, habe ich gelernt, dass es eine Zeit gab, in der ein offener Austausch zwischen der Erde und meiner Dimension stattfand, und dass die menschliche Erfahrung dadurch offener und ganzheitlicher war als heute. Wie berichtet wird, waren der Verstand und der Geist eines Menschen so eng miteinander verbunden, dass kleine Wunder täglich gesehen und wahrgenommen wurden. Heute ist es fast so, als hätten die Menschen vergessen, wie man die kleinen Wunder in allen Dingen erkennt.

Es gibt viele Parallelen zwischen meiner Dimension und der irdischen. Auch wenn Erdbewohner in einer Welt der Polarität leben und ich nicht, haben sie Zugang zu denselben Emotionen, demselben Vertrauen in die Intuition und denselben Wahrnehmungen, so dass sie nicht aus ihrem materiellen Körper herausschlüpfen müssen, um sich das Wissen anzueignen, das hier zur Verfügung steht. Dennoch ist es unmöglich, auf der Erde einen rosa Drachen aus der Luft zu greifen, während man das hier problemlos tun kann.

Einmal ging ich durch die Korridore und fragte mich, welchen Unterricht ich an diesem Tag besuchen sollte. Ich ging in sieben verschiedene Klassenzimmer, und überall wurde mir mitgeteilt: »Nein, es gibt noch etwas anderes.« Bei meinem achten Versuch setzte ich mich mitten in einen leeren Raum, an dessen vier Wänden lauter Tafeln hingen. Die Einrichtung in diesem Raum war nicht so fest wie die in den anderen Klassenzimmern. Die Stühle waren beispielsweise halb durchsichtig, so dass ich schon glaubte, der Stuhl würde gleich nachgeben, als ich mich auf ihn setzte. Bald darauf traten fünf Schüler – alles frühere Erdbewohner – ein, und ich konnte ihnen ansehen, dass sie zögerten, als sie die ungewöhnliche Atmosphäre im Raum wahrnahmen und auf den durchsichtigen Stühlen Platz nahmen. Sie sahen einander wortlos an, als das Zimmer plötzlich anfing zu vibrieren, als würde es auf ein mildes Erdbeben reagieren. Die Schüler hielten sich hastig an ihren Tischen fest und blieben sitzen, als eine Gestalt, wie ich sie noch nie gesehen hatte, auf einer Nebelwolke, die an den Dampf von Trockeneis erinnerte, ins Klassenzimmer schwebte. Ihr Körper war eiförmig und ihre leuchtend orangefarbenen Haare hingen an den Seiten herunter. Drei rosa Gliedmaßen ragten aus asymmetrischen Körperstellen heraus – es waren weniger Tentakel als vielmehr Stiele mit Fühlern. Ich musste mich zusammenreißen, um nicht in Gelächter auszubrechen, denn das Wesen sah aus wie Cousin Itt aus der *Addams Family* an einem extrem schlechten Tag.

Während ich mich fragte, ob das Wesen ein Lehrer war oder jemand, der diese Erscheinung kreiert hatte, um uns einen Streich zu spielen, nahm das Wesen hinten Platz und verwandelte sich irgendwie in die richtige Form für einen Stuhl, der für die menschliche Ergonomie gemacht ist. Bald darauf betrat der Lehrer das Klassenzimmer – ein Mann mit breiten Schultern, bei dem sich alle sofort so wohl wie bei einem Lieblingsonkel fühlten. Er forderte uns auf, uns mit Namen vorzustellen. Als er das ungewöhnliche Wesen ansah, blieb es stumm, und trotzdem sagte der Lehrer: »Vielen Dank.« Wir anderen sechs Schüler machten ein verdutztes Gesicht, doch der Lehrer bat um unsere Aufmerksamkeit und begann mit dem Unterricht.

Es ging bei der Vorlesung um das Wesen des Willens. Wie der Lehrer erklärte, beeinflusst der Wille die Dinge nicht in einer direkten, linearen Weise, sondern indirekt – eher so, wie ein Kieselstein, der in einen stillen Teich geworfen wird, Kräuselwellen hervorruft, die sich in konzentrischen Kreisen nach außen ausdehnen. Wenn man den Willen so anwendet, hat das eine größere Wirkung, als wenn man den Willen in linearer Weise vorwärtsdrängt. Auf diese Weise wird er eher ein Gleichgewicht der Energie schaffen, während sie sich ausdehnt. Weiterhin sagte der Lehrer, dass der freie Wille nicht in jeder Dimension möglich ist, doch dass der menschliche Verstand jede Dimension, in der es den freien Willen nicht gibt, für ein Gefängnis hält. Wie er anmerkte, ist der freie Wille jedoch nicht mit der Entscheidungsfreiheit gleichzusetzen. Beim freien Willen geht es um die richtige Anwendung der Entscheidungsfreiheit. Wenn man die Entscheidungsfreiheit richtig anwendet, erhält man Zugang zu einem Realitätsfeld, das vereint, statt zu einem, das polarisiert.

Während der Lehrer sprach, ertönte hinten im Klassenzimmer immer mal wieder ein Scharren, so als würde das mysteriöse Wesen auf dem Stuhl hin- und herrücken. Dann schaute der Lehrer in seine Richtung, nickte mit dem Kopf und sagte: »Ja, das ist richtig.« Offensichtlich fand eine Art telepathischer Austausch zwischen ihm und dem ungewöhnlichen Schüler statt.

Als ich schließlich vor Neugier beinahe platzte, hob ich die Hand. »Entschuldigung, aber ich muss Sie unbedingt etwas fragen«, sagte ich. »Unterhalten Sie sich etwa mit der Person hinten im Klassenzimmer?«

»Ganz richtig«, antwortete der Lehrer.

»Aber ich kann nichts hören. Hört einer von euch irgendetwas?«, fragte ich die anderen Schüler. Alle schüttelten den Kopf.

Der Lehrer sagte: »Also gut, wenn ihr alle hören wollt, was gesagt wird, dann sollt ihr es auch hören.«

Ich spürte ein seltsames Poppen im Ohr. Dann erfüllte eine liebliche Stimme mit dem glasklaren Klang einer Kristallkugel die

Luft. Es war die schönste Stimme, die ich je gehört hatte. Ich weiß jedoch nicht, wie das außergewöhnliche Wesen diesen Klang hervorbrachte, da ich keinen Mund an ihm erkennen konnte.

Der Lehrer fragte das Wesen: »Möchtest du dich vorstellen?«

Mit unglaublich angenehmer Stimme sagte das Wesen: »Hallo, ich heiße Brock und bin neu hier.«

Dann lachte Brock freundlich, und ich war regelrecht hingerissen von ihm, da seine Stimme mich an Wyrmes tröstliche Energie erinnerte. Brock bestätigte, dass diese Station aufgrund seiner Herkunft und Gestalt eigentlich ungewöhnlich für ihn war, doch er hatte die Erlaubnis erhalten, eine Weile hier arbeiten zu dürfen, bevor er in seine nächste Inkarnation übergehen würde, um die Erfahrung als Mensch zu machen. Ich fand es faszinierend, dass man zwischen so unterschiedlichen Lebensformen wechseln konnte. Hier war ein Wesen, das auf seinem Heimatplaneten vielleicht weder Sauerstoff noch Wasser gebraucht hätte oder das womöglich gar nicht aus der dritten Dimension kam.

»Bevor ich den Übergang mache, werde ich am Unterricht teilnehmen, und ich muss mich entschuldigen, dass ich nicht alle in unser Gespräch mit einbezogen habe, weil ich erst noch meine Schwingungen angleichen musste, damit ihr mich hören könnt.«

Nun sagte Brock allen Hallo, und alle grüßten ihn zurück. Dann bat der Lehrer die Klasse, sich wieder nach vorne zu wenden, damit er den Unterricht fortsetzen konnte. Als die Stunde vorbei war, wollte ich unbedingt die Gelegenheit nutzen, Brock ein bisschen besser kennenzulernen. Ich folgte ihm, als er den Gang entlangschwebte und den Nebel unter seinem Körper wie eine Schleppe hinter sich hertrug. Als er sich der Tür näherte, zögerte er hinauszugehen und sagte: »Es tut mir leid, Galen. Ich muss mich immer noch an diese Dimension gewöhnen, und ich habe noch nicht richtig gelernt, wie ich die richtige Schwingung hinbekomme, um aus dem Klassenzimmer, das für mich vorbereitet wurde, hinauszugehen. Als ich sagte, dass ich neu bin, meinte ich, dass ich wirklich gerade hergekommen bin.«

»Lass dir Zeit«, sagte ich. »Wenn es dir nichts ausmacht, würde ich dich gern begleiten.«

Ich wollte ihm dabei helfen, einen Weg zu finden, wie er sich in dieser Dimension mehr zu Hause fühlen konnte. Also erzählte ich ihm, dass man mir bei meiner Ankunft einen kleinen Silberbecher überreicht hatte, und da ich keinen Becher an ihm entdecken konnte, fragte ich ihn, ob er auch einen bekommen hätte. »Der Silberbecher enthält die eigenen früheren Erfahrungen«, erklärte ich Brock. »Und er macht es einem leichter, sich dieser Dimension anzugleichen.«

»Nein, ich habe keinen Silberbecher erhalten, aber ich wurde von mehreren Lehrmeistern empfangen. Meine Vereinbarung ist, in diese Dimension zu kommen und ein Gefühl dafür zu bekommen, wie es ist, ein Mensch zu sein. Ich möchte meine Kenntnisse über universale Gesetze und Wahrheiten auffrischen.«

Ich spürte, dass er immer nervöser wurde. »Keine Angst«, beruhigte ich ihn. »Ich bin bei dir, und es gibt nichts, worüber du dir Sorgen machen musst.«

Draußen sah ich das grüne Gras und den blauen Himmel, gemeinsam erschaffen von den irdischen Menschen, die hier leben, da wir beides so gerne sehen. Doch sobald Brock das Gebäude verlassen hatte, blieb er wie erstarrt stehen, da er nicht wusste, was er nun tun sollte.

»Ich nehme überhaupt nichts wahr. Wie kannst du dich so im Nichts bewegen?«, fragte er.

»Siehst du denn kein Gras und keine Bäume?«, fragte ich.

»Ich weiß noch nicht einmal, wovon du sprichst«, entgegnete Brock.

Es war eindeutig, dass Brock keinerlei Erfahrung mit irdischen Landschaften hatte. Ich wunderte mich darüber, dass er überhaupt die Erlaubnis bekommen hatte, in diese Dimension zu kommen, ohne zu wissen, wie ein Grashalm aussieht. Daher fragte ich ihn: »Wie ist es denn da, wo du herkommst?«

»Da ist alles flach und neblig, und der Untergrund ist flüssig. Das Licht ist sehr gedämmt, und es gibt auch nicht viel Licht«, antwortete Brock.

»Also gut, dann lass uns da ansetzen. Stell dir einfach vor, du wärst zu Hause.« Das tat Brock, und es schien ihn ein wenig zu beruhigen.

»Warum willst du ein Mensch sein, wenn du keine Erfahrung mit dem menschlichen Leben hast und nichts darüber weißt?«, fragte ich.

Brock schwieg unbehaglich und sagte schließlich: »Wie ich weiß, kann man andere umso besser verstehen und ihnen helfen, je unterschiedlicher die Erfahrungen sind, die man gemacht hat.«

Er erzählte mir, dass er aus einer Familie von Botschaftern stammt. Jeder seiner Verwandten hatte ganz unterschiedliche Erfahrungen in fremden Welten machen müssen und die verschiedenen Energien überbrücken müssen. Er hatte vor, in die Fußstapfen seiner Familie zu treten, um eines Tages ein Botschafter der Planeten zu werden. Dies war der erste Schritt auf seinem Weg. Er hatte wegen des guten Rufs seiner Familie eine Sondergenehmigung erhalten hierherzukommen. Er sagte, er sei im Vergleich zu den anderen noch jung und dies sei sein erstes Erlebnis in seiner jetzigen Position.

»Kann ich irgendetwas tun, damit du dich hier wohlfühlst?«, fragte ich.

»Du könntest mir erklären, was Gras oder ein Baum ist und was Blau bedeutet.«

Als ich merkte, wie schwierig es ist, jemandem, der keine Ahnung hat, was ein menschliches Auge sehen kann, einen Grashalm zu erklären, spürte ich, wie sich Wyrme in meiner Tasche regte. Er wollte heraus, und so holte ich ihn aus der Tasche und setzte ihn auf meine Handfläche, während er sich entrollte. Brock musste zweimal hinsehen, da er spürte, das Wyrme außergewöhnlich war.

»Wo kommt der denn her?«, fragte er erstaunt. »Wo bist du ihm begegnet?«

»Er hat sich zu mir gesellt, als ich durch ein paar Portale reiste. Ich nenne ihn Wyrme.«

»Wyrme?«, wiederholte Brock.

»Na ja, so nenne ich ihn. Ich habe keine Ahnung, wie die kleine Kreatur wirklich heißt.«

Brock und Wyrme waren aufgrund ihrer ähnlichen Energie voneinander fasziniert. Wyrme, der von Brock hin und weg war, wollte sich bis zu ihm ausstrecken, doch als er sich an die Regeln der Etikette erinnerte, zog er sich wieder zurück. Schließlich hatte Brock ihn nicht eingeladen näher zu kommen, und Wyrmes berüchtigtes Erlebnis im Klassenzimmer hatte ihn gelehrt, andere nur auf Aufforderung hin zu berühren.

»Wäre es in Ordnung, wenn Wyrme dich berühren würde?«, fragte ich.

Als Brock zustimmte, geschah etwas äußerst Ungewöhnliches. Wyrme berührte Brock, und als er sich mit dem anderen Ende seines schlauchförmigen Körpers an meine Brust über dem Herzen heftete, konnte ich sofort sehen, wie die Realität aus Brocks Perspektive aussah. Wyrme hatte eine Brücke zwischen unseren beiden Welten gebaut; das erklärte auch, warum er kurz davor darauf gedrängt hatte, aus meiner Tasche geholt zu werden.

»Brock, ich kann sehen, wie deine Welt aussieht!«, rief ich.

»Und ich kann sehen, worauf du stehst, Galen. Ist das Gras? Ist das Grün?«, fragte er so aufgeregt wie ein Kind.

Wyrme half dem neuen Botschafter eindeutig, zum allererstem Mal zu begreifen, wie es ist, auf der Erde zu leben. Und Brock genoss das Erlebnis in vollen Zügen. Plötzlich fing er an zu lachen. Es war ein glockenhelles Lachen, und Wyrme fing an zu schnurren, während beide sich an der Gegenwart des anderen erfreuten. Ich stimmte mit meinem eigenen Gelächter in diese Klangsymphonie ein, und wir wurden ein Trio fröhlicher Kreaturen aus allen Himmelsrichtungen des Universums.

Ich war froh, dass ich diesem Wesen hatte helfen können, erste Erfahrungen zu sammeln, wie sich das Menschsein anfühlt. Ich fragte mich, was nach seiner Geburt auf der Erde auf ihn zukommen würde. Vielleicht würde er ein berühmter Sänger oder Redner werden, dessen Stimme die Menschen beruhigte, tröstete und vereinte. Ich hoffte, dass er nicht wegen seines einzigartigen Erscheinungsbilds weggebracht und bis zu seinem Ableben heimlich als Sensation vermarktet werden würde, denn dann würde die Welt nie erleben, wie er wirklich ist – einer der angenehmsten, herzlichsten, anständigsten Brüder, die anderen dienen und für ihre Arbeit bewundert werden sollten.

Durch Brock hatte ich eine Möglichkeit gefunden, wie ich andere unterstützen kann. Das war schon immer eine treibende Kraft in meinem Leben gewesen – auf Erden und auch hier. Ich frage mich immer: Wie kann ich anderen helfen?

· ◆ ·

Anmerkung des Herausgebers:
Brock stammte vermutlich nicht aus der Dimension, in der Galen lebt, und daher mussten Brock und Galen sich in gewisser Weise aneinander anpassen, um die jeweilige Erfahrung des anderen zu verstehen. Es ist nicht wichtig, Ebenen und Schichten verschiedener Reiche zu benennen, da wir nicht verstehen können, was die Bezeichnungen bedeuten. So sind wir auf Erden beispielsweise übereingekommen, dass wir in der dritten Dimension leben, und mir wurde gesagt, dass die Ebene, die Galen als Ebene Einundzwanzig bezeichnet, in Wirklichkeit eine Ebene der fünften Dimension sei. Aber all diese Bezeichnungen sind ohne Bedeutung, wenn wir keinen Bezugsrahmen haben.

Kapitel 14

Das Portal zur Erde

Nach unserer ersten Begegnung verbrachten Brock und ich viele Stunden damit, uns auszutauschen, wobei Wyrme eine Brücke zwischen uns bildete, und ich hatte das Gefühl, dass er ein enger Freund geworden war. Während wir neben meinem Lieblingsfelsen saßen, reisten Brock und ich um meine Welt. Ich gab ihm einen detaillierten Überblick meines irdischen Lebens – von den Wanderwegen, die ich so liebte, bis hin zu Bildern meines Vaters, meiner Mutter, meiner Großmutter, meiner Klassenkameraden und der Hunde, die ich gekannt hatte. Begeistert sog er meinen Unterricht und meine Erfahrungen als Mensch auf. Um ihm eine ausgewogenere Sicht der Erde zu vermitteln, fügte ich auch unangenehme Bilder hinzu, wie zum Beispiel riesige Müllhalden, abgeholzte Wälder, Massentierhaltung und ölverseuchte Meere. Ich versuchte, neutral zu bleiben, während ich ihm diese Dinge zeigte, weil mir bewusst war, dass Brock sich verpflichtet hatte, auf die Erde zu kommen, und ich mich in gewisser Weise zu seinem irdischen Führer gemacht hatte. Dennoch konnte ich seine Liebe zur Erde und seine erregte Vorfreude, ein Mensch zu werden, spüren. Ich wollte daher sichergehen, meinen eigenen Enthusiasmus für die Erde in den Überblick mit einzubeziehen.

Nachdem Brock an diesem Tag nach Hause gegangen war, dachte ich über meine eigene Begeisterung, Mensch zu sein, nach.

Gewiss hatte mich mein Leben an manchen Tagen genervt und ich hatte nicht immer vor Begeisterung über und Dankbarkeit für das Leben gesprüht. Ich fragte mich, an welcher Stelle auf meinem Lebensweg ich die Begeisterung über das Experiment, auf der Erde zu leben, verloren hatte. Aus meiner jetzigen Sicht konnte ich das Geschenk, Mensch sein zu dürfen, erkennen und dankbar sein für meinen freien Willen und meine Entscheidungsfreiheit. Sich dafür zu entscheiden, Freude zu empfinden, ist ein Geschenk – unabhängig von den Lebensumständen, in denen man sich befindet.

Brock und ich trafen uns oft, und Wyrme freute sich immer so sehr, wenn er über die Wiese auf uns zukam, dass Wyrme sich fast wie ein Kind, das von seiner Mutter auf den Arm genommen werden will, nach Brock streckte. Manchmal helfen Botschafter anderen, die Dinge klarer zu erkennen, und tatsächlich erkannte ich jetzt auf einer tieferen Ebene, was es hieß, ein Mensch zu sein. Da die Erde der Ort ist, an dem ich wahrscheinlich wiedergeboren werde, leistete Brock ganze Arbeit.

Nach den normalen Höflichkeitsfloskeln versuchte ich, Wyrme dazu zu bringen, mir zu sagen, was er in Brock sah. »Macht es dir Spaß, wenn wir Zeit mit Brock verbringen?«, fragte ich.

»Ja, sehr sogar. Er ist sehr liebenswürdig. Ich bin gern mit ihm zusammen.« Wyrmes höfliche, doch bedeckte Antwort gab mir keinen Hinweis darauf, was er auf einer anderen Ebene wirklich dachte.

Es gab auch Zeiten, in denen mich Brock in seine wässerige, weiche Welt mitnahm, wo ich den kühlen Nebel auf der Haut spürte, was es zu einem absolut sinnlichen Erlebnis machte. Brock nahm mich sogar mit zu sich nach Hause und stellte mir seine Familie vor. Als ich sie kennenlernte, wusste ich sogleich, dass ich mich in der Gegenwart unglaublicher Wesen befand. Ich konnte sie jedoch nicht auseinanderhalten, da sie alle orangenfarbenes Haar hatten und eierförmig waren und sich buchstäblich wie ein Ei dem anderen glichen. Und als Brock mich seinen Eltern, seinen

Geschwistern und seinen Nachbarn vorstellte, konnte ich nicht erkennen, ob sie mich ansahen oder nicht.

Nach der Begrüßung bat Brock die Anwesenden, für mich zu singen. Es war mir ein bisschen peinlich, so wie wenn man andere Leute besucht und sie einen fragen, ob man sich ihre Familienvideos anschauen will oder den kleinen Timmy auf der Tuba spielen hören will. Ich stieß Brock verstohlen an, um ihm zu sagen, dass sie das wegen mir nicht zu tun brauchten, doch er sagte: »Das musst du erlebt haben.« Die Gruppe, die aus acht Wesen bestand, fing an zu singen. Ihre Worte konnte ich zwar nicht hören, doch alle Töne, die man sich nur vorstellen kann, verschmolzen in perfekter Harmonie. Es waren die unglaublichsten Klänge, die ich je auf Erden oder in den vielen anderen Welten, die ich schon besucht hatte, gehört hatte. Ich wurde so vollkommen von ihnen ergriffen, dass sie mich zu Tränen rührten. Erdbewohner hätten diese Geschöpfe für singende Engel gehalten.

Als sie mit dem Gesang fertig waren, blieb ich andächtig und stumm stehen, doch dann erinnerte Wyrme mich mit einem sanften Stupsen an meine Manieren. Ich fing mich wieder ein wenig. »Vielen Dank. Das war ein tolles Geschenk – wunderschön«, brachte ich heraus.

Als wir zurückkehrten, indem Wyrme sich von Brock löste, sagte ich: »Das war das Wundervollste, was ich je gehört habe. Was war das?«

»Das ist es, was wir tun«, erklärte Brock. »Wir sind Botschafter des Universums, und wir singen, weil Musik eine universale Sprache ist. Wir können zu Beratern singen und wir können in Streitereien hineinsingen, damit beide Seiten sich einigen können. Ich kann dir zwar nicht genau sagen, was sie dir vorgesungen haben, aber es ging um deine Seele und die großen Dinge, die vor dir liegen.«

»In welchen Beiräten sitzt deine Familie denn?«, fragte ich voller Neugier.

»Die Erde ist nicht der einzige Planet, auf dem Polarität herrscht«, erwiderte Brock, »und die Menschen sind nicht die einzigen Wesen, die Kriege führen oder ihre eigene Welt zerstören. Wir werden oft geschickt, um Bewusstsein in andere krisengeschüttelte Welten zu bringen, aber zur Zeit sollen wir auf der Erde Hilfe leisten.«

Das erinnerte mich wieder daran, dass das menschliche Leben auf Erden in Schwierigkeiten steckt. Auf der Erde brechen schon seit Menschengedenken immer wieder Konflikte aus, und sie braucht wirklich einen Botschafter, der ihr hilft, Vernunft anzunehmen.

»Ich möchte zwar nicht andeuten, dass du der Aufgabe nicht gewachsen wärst, aber warum schicken sie nicht einen erfahreneren Botschafter hin?«

»In vielerlei Hinsicht steckt die irdische Erfahrung noch in den Kinderschuhen. Und da ich noch sehr jung bin, kann ich mich der Schwingung anpassen«, erklärte Brock.

Ich verstand, was er meinte, weil ich wusste, dass Erfahrungen in meiner Dimension in bestimmten Oktaven und Frequenzen stattfinden. Ich nahm an, dass massive Energiewellen, die zusammenkommen und verschiedene Tonsignaturen entstehen lassen, die Grundlage für unterschiedliche Reiche und Ebenen bilden. Dabei dachte ich daran, wie Carl es auf meine Ebene geschafft hatte, indem er einige dieser Frequenzen integriert hatte.

Brock berichtete mir, dass es für einen wie ihn äußerst ungewöhnlich ist, auf eine Mission geschickt zu werden, und dass es mit großen Bemühungen verbunden ist, die Möglichkeiten anzupassen, um die Erfüllung der Mission sicherzustellen. Wie er mir sagte, war unsere Begegnung kein Zufall – ich war dafür ausgesucht worden, mich mit ihm anzufreunden, weil ich genügend Erfahrung als Mensch mit eigenen Beobachtungen und Entscheidungen hatte, doch ich hatte nicht so viel Erfahrung, dass ich das Interesse am Menschsein verloren hatte. Der andere entscheidende Faktor war, dass mein Begleiter Wyrme, der Brock auf meiner dimensionalen Station am meisten ähnelte, als Brücke zwischen uns dienen konnte, was für unsere Verbindung unabdingbar war.

Brocks Spezies, wie er sie nannte, stammte von einem einzigen Geschöpf ab. Diese holografischen Wesen werden wie Sterne langsam und bedächtig zusammengesetzt, während sie Phasen durchlaufen, in denen sie sich zusammenziehen, ausdehnen und sich Materie einverleiben. Das Urwesen von Brocks Spezies war ein wissendes Wesen, das sich selbst vermehren konnte, ähnlich wie Wyrme es kann. Auch wenn Brock und Wyrme beide holografische Wesen sind, haben sie doch unterschiedliche Funktionen: Wyrme dient als Brücke zwischen Individuen und Dimensionen, während Brock als Botschafter zwischen Gruppen von Wesen vermittelt.

Neugier treibt Wyrme an. Das ist zwar kein Selbstzweck, da Wyrme großzügig ist, doch es dient der Neugier des Selbst. Es bedarf dabei keiner Armee, da die Neugier von einer Einheit befriedigt wird. Manchmal kommt es mir vor, als sei ich sein Haustier, aber er ist unheimlich gern mit mir zusammen, weil so viel um mich herum passiert. Neugier zieht Neugier an, wie es scheint, und für den Augenblick ist Wyrme in dieser Dimension glücklich. All seine Bedürfnisse werden befriedigt, und er muss noch nicht einmal umherkriechen.

Im Gegensatz dazu besteht ein großes Bedürfnis an einer ganzen Familie von Botschaftern wie der von Brock, da deren Gesang Frieden stiften kann. Dazu sind sie da. Brocks Verwandte sind zwar ewige Wesen, aber nicht unsterblich, da die von ihnen angenommene Form in der dritten Dimension getötet werden kann. In diesem Fall verschwindet der Körper, da die dafür verwendete Materie auf einer höheren Schwingungsebene wirkt als die Materie der dritten Dimension. Dann setzen sie sich in ihrem Heimatreich wieder zusammen und manifestieren sich erneut als haarige, orangefarbene Eiergestalten. Eine Ausnahme gab es: Einmal blieb ein Mitglied der Familie Brock in einer Naturkatastrophe in einer Galaxie hängen und konnte seine Form nicht mehr zusammensetzen. Obwohl sich so etwas auf der Erde nicht zugetragen hat, könnten Ereignisse in anderen Teilen des Universums ein Wesen wie Brock so blitzschnell explodieren lassen, dass seine Fähigkeit, sich wieder zusammenzusetzen, verloren ginge – es ist ähnlich zu dem, was meinem Vater zugestoßen wäre, wenn er ins antimaterielle Universum vorgedrungen wäre.

In einem anderen Gespräch sagte ich Brock, dass meine Erfahrungen mit ihm mir geholfen haben, einige meiner irdischen Erlebnisse besser zu verstehen, und dass sie mir bestätigt haben, dass auf einer universalen Ebene eine Intelligenz und ein Rhythmus der höchsten Form wirken. Auch bekam ich eine Reihe von bedeutsamen neuen Informationen, seit seine Familie mir vorgesungen hat. Dann dankte ich ihm dafür, dass er mir geholfen hatte, diese Erkenntnisse zu gewinnen.

»Gerne geschehen, Galen. Und ich muss dir sagen, dass dies unsere letzte reale Begegnung ist, da die Zeit für meinen Aufbruch zur Erde gekommen ist. Ich kann dir gar nicht genug dafür danken, wie du mir geholfen hast, mich als Mensch sicherer zu fühlen. Ich werde morgen früh aufbrechen.« Brock sagte es mit einem Lachen; er übte, in linearer Zeit zu leben. Dann fügte er hinzu: »Kommst du morgen früh? Ich hätte dich gern beim Abschied dabei.«

»Aber natürlich!«, sagte ich und fand es merkwürdig, dass Brock den Zeitpunkt seines Abschieds kannte. Ich hatte schon viele in diese Dimension hineinkommen und sie verlassen sehen, doch ich hatte nicht gewusst, dass einem für den Aufbruch ein bestimmter Moment zugewiesen werden konnte. »Ja, ich komme gerne.«

»Bring bitte Wyrme mit – und könntest du auch Andy mitbringen? Ich möchte Andy zu gern kennenlernen, bevor ich gehe.«

»Natürlich!«, wiederholte ich. Ich hatte Brock von Andy erzählt, aber sie waren sich noch nie begegnet. Ich hatte ihm erzählt, dass ich in Andys Augen ein Wesen erkennen konnte, das ganz anders war, als man es sich unter seinem Fell vorstellen konnte.

Der nächste Morgen war herrlich; der Sonnenaufgang war wie gemalt, die Vögel sangen und der Himmel war strahlend blau. Ich ging etwas unsicher zu meinem Felsen, weil Brock keinen Treffpunkt genannt hatte. Doch er wartete schon auf dem Hügel auf mich. Die Morgensonne brachte sein Haar zum Leuchten und ließ eine strahlende, jedoch verschwommene orangefarbene Aura um ihn entstehen, die eine solche Kraft versprühte, dass ich den atemberaubenden Anblick nie vergessen werde. Ich lief schneller, da ich befürchtete, er könnte schon mitten im Aufbruch sein. Wyrme steckte in meiner Tasche und ich rief Andy beim Namen, doch er ließ sich nicht blicken. Ich wandte mich zur Wiese um und pfiff nach ihm, aber ich konnte ihn nirgendwo sehen.

Andy ist ein Wesen mit einem freien Willen, das kommen und gehen kann, wann es ihm beliebt. Ich entschuldigte mich für Andys Abwesenheit und hoffte, Brock nicht zu enttäuschen. Dann fragte ich ihn, warum keine Lehrmeister anwesend waren, da normalerweise ein Lehrmeister das Individuum auf dem Weg zur Erdpassage und zur Halle der Becher begleitet. »Ich sehe keinen, der dich zur Erde bringt. Der Grund dafür ist vielleicht, weil du keinen Becher hast. Womöglich ist mein Wissen über diese Dimension beschränkt, aber ich dachte immer, dass die Wesen einen bestimmten Weg zur Halle der Becher gehen, wo sich ihre physische Gestalt in Energie auflöst und sie zu dem Gefäß geschickt werden, das sie empfängt – der Gebärmutter ihrer nächsten Mutter«, sagte ich. »Wie wirst du geboren? Wie wirst du auf der Erde ankommen?«

»Ich will es dir erklären. Ich habe keinen Becher, weil ich meinen Körper nicht verlassen habe. Wir leben und sterben nicht so, wie du es kennengelernt hast. Wir kommen alle aus einem ursprünglichen Wesen, das buchstäblich in die Atmosphäre hineingesungen wurde. Wenn ich auf die Erde komme, tauche ich dort einfach auf. Ich werde als Baby gefunden und in ein Waisenhaus gebracht werden. Ich werde Eltern haben, die eine Verbundenheit zu mir fühlen und mich großziehen werden. Ich werde den menschlichen Zyklus von Wachstum, Altern und Sterben durchlaufen. Solange ich kann, werde ich ein Botschafter sein, der mit den erlaubten Mitteln helfen wird. Ich werde die Liebe auf Erden sein. Wenn ich nichts mehr tun kann und die Zeit gekommen ist, die Erde wieder zu verlassen, werde ich mich auflösen – mein Körper wird nie gefunden werden – und ich werde zu meiner Familie zurückkehren«, sagte Brock.

Es überraschte mich, dass Brock als Mensch – in einer Verkleidung, die er für sein ganzes irdisches Leben behalten würde – zur Erde ging. Ich war davon ausgegangen, dass nur Menschen zu Menschen wurden und dass man seine Gestalt zurücklassen müsste, wenn man zwischen den Dimensionen reiste. Dieser Moment, in dem mir klar wurde, dass ich mich in der Gesellschaft eines anderen ewigen Wesens befand, öffnete mir die Augen.

Ich weiß zwar nicht, ob alle ewigen Wesen Fell und Haare haben, doch nun konnte ich verstehen, warum Brock und Wyrme sich auf Anhieb vertraut waren und so eng zusammenarbeiten konnten. Natürlich faszinierten Menschen mit all ihren Gefühlen Wyrme, doch er empfand Brock als ein verwandtes Wesen, das ihm ebenbürtiger war als ein Haustier (wie ich).

»Hast du dir schon überlegt, wie du auf der Erde aussehen wirst?«, wollte ich wissen.

»Ja, das habe ich genau geplant. Meine Haare werden auf alle Fälle orange sein«, sagte er.

»Du solltest dir vielleicht einen etwas dezenteren Farbton zulegen«, sagte ich lachend. »Deine Mitmenschen werden leuchtend orangefarbenes Haar etwas komisch finden.«

Dann fing Brock an zu vibrieren, und auch ich spürte die Energie in meinem Körper. Während die Umrisse um uns herum verschwommen und alles durchsichtig wurde, fing Brock an, eine starke Helligkeit auszustrahlen. Plötzlich hörte ich Andy bellen. Er lief den Hügel hinauf, doch zu meinem Erstaunen rannte er an mir vorbei auf Brock zu. Mitten in der Luft sprang Andy mit verlangsamter Geschwindigkeit direkt in die Stelle hinein, die Brock gerade eben noch ausgefüllt hatte. Jetzt war dort nur noch ein grelles weißes Licht zu sehen. Und dann machte es *popp* und beide waren verschwunden. Alles, was übrig blieb, war ein anhaltender Geruch von Ozon in der Luft, so als hätte ein Blitz in die Stelle eingeschlagen.

Ich war völlig überrascht, und ein Teil von mir konnte nicht glauben, dass Andy soeben mit Brock zur Erde aufgebrochen war.

Schließlich war Andy mein bester Freund und das erste Wesen, das mir Dinge über die äußere Gestalt beigebracht hatte. Der tiefe Verlust, den sein Abschied mir bescherte, vermischte sich jedoch mit neuer Hoffnung für die Erde und ihre Lebewesen.

· ◆ ·

Anmerkung des Herausgebers:
Auf der Erde waren seit Galens Übergang zwei Jahre und fünf Monate vergangen. Er hatte jedoch viel mehr Jahre an Erfahrungen gesammelt, wenn sein Aufenthalt in linearer irdischer Zeit bemessen würde. Als diese Ereignisse stattfanden, fühlte sich Galen Mitte zwanzig.

Ich wusste nicht nur, dass der Abschied von Andy Galen sehr traurig stimmte, sondern auch, dass er noch ganz frisch war. Daher wollte ich Galen väterlichen Trost schicken. Ich sagte ihm, wenn man seine Sache im Himmel gut machen konnte, indem man die Zeit dafür nutzte, präsent zu sein und anderen zu helfen, dann machte er meiner Meinung nach seine Sache gut. Die meisten Menschen sehnen sich danach, den Sinn ihres Lebens zu kennen oder sich eine Aufgabe zu setzen, da der Mensch letztendlich eine Helfernatur hat und da man seinen Geist kennt, wenn man seinen Lebenssinn kennt. Wäre Galen auf Erden geblieben, dann wäre er sicher eines Tages ein guter Lehrer geworden – auch wenn er lange dazu gebraucht hätte, das herauszufinden, was er in seiner jetzigen Dimension im Handumdrehen erkannt hat.

Während seiner Zeit in dieser Dimension bleibt Galens Liebe zu seiner Familie und seine Wissbegierde – die beides treibende Kräfte in seinem irdischen Leben waren – bestehen. Anscheinend gehören sie zu den Energien, die wir mit ins Jenseits nehmen. In gewisser Weise ist alles andere unwesentlich.

Kapitel 15

Miss Lavenders Lektion

Am Tag nach Brocks und Andys Weggang beschloss ich, in die Schule zu gehen. Ich hoffte, dass ein paar der wundervollen Angebote mir über die Trauer hinweghelfen würden. Ich sah mir die Liste der Themenauswahl an, aber mir stach nichts in Auge. Da der Körper manchmal klüger ist als der Verstand, fing ich an, den Korridor hinunterzugehen, um zu sehen, ob ich mich in meinem Zustand innerer Betäubung und Leere von einem Klassenzimmer angezogen fühlte. Ein Raum zog mich tatsächlich an; das Fach gehörte zwar nicht zu meinen Lieblingsfächern, doch ich vertraute auf die magnetische Anziehungskraft.

Hinten im Klassenzimmer war eine Art Labor untergebracht, das mit ungewöhnlichen Messbechern und dampfenden Glasröhrchen ausgestattet war. Die Reagenzgläser erinnerten mich an den Biologieunterricht und die gruseligen Sezierübungen in meiner irdischen Schule. Widerstrebend betrat ich das Zimmer, musterte erneut die Reihe von Glasröhrchen hinten im Raum und ging in die andere Richtung, wo ich mich so weit wie möglich nach vorne setzte. Der Raum füllte sich rasch, und schon bald waren fast alle Plätze belegt. Anscheinend war dies ein interessantes Fach, auch wenn ich nicht wusste, von welchem Thema die Vorlesung handeln würde.

Kurz darauf betrat eine wunderschöne Frau den Raum. Sie trug den traditionellen schwarzen Lehrerumhang, den nicht alle Lehrer anziehen. Ich hatte fast den Eindruck, als würde sie ihn tragen, um die Schüler ein wenig von ihrer atemberaubenden Schönheit abzulenken. Sie hatte das prächtige rote Haar lose nach hinten gebunden. Als ich an meine rothaarige Freundin denken musste, spürte ich ein deutliches Ziehen in der Magengrube. Ich fragte mich, ob das Klassenzimmer deshalb so voll war, weil die anderen Schüler von der Schönheit der Lehrerin statt vom Unterrichtsfach angezogen wurden. Ich mag zwar tot sein, aber *so* tot bin ich auch wieder nicht.

Die Lehrerin schrieb ihren Namen an die Tafel: »Miss Lavender«. Dann drehte sie sich um und begann ihre Vorlesung über Schönheit und ihre Wirkung auf die Chemie des emotionalen Körpers. Für einen Augenblick wunderte ich mich, ob sie sich vielleicht schön erscheinen ließ und in Wahrheit ganz anders aussah. Diesen Gedanken legte ich wieder beiseite, als klar wurde, dass es bei ihrer Vorlesung nicht um körperliche Schönheit ging, sondern vielmehr darum, wie das innere Gleichgewicht den emotionalen Körper öffnet. Miss Lavender sprach nun davon, wie wir in allem, was wir sehen, nach dem Gleichgewicht suchen.

Ich konnte nur an Brock denken. Auch wenn Brocks äußere Erscheinung dem irdischen Schönheitsbild nach schockierend seltsam wirkte, war das Gleichgewicht, das er ausstrahlte, und alles, was er tat, wunderschön. Selbst Wyrme würde nach irdischen Vorstellungen unecht aussehen und nur als ein Kinderspielzeug niedlich wirken, doch die Art, wie er das Gleichgewicht nutzte, um Neugier zu erregen, machte Wyrme für die Neugierigen anziehend.

Im Wesentlichen ging es bei der Vorlesung darum, wie der emotionale Körper die Energie um sich herum deutet und dass der irdische physische Körper tatsächlich Heilung und Harmonie erfahren kann, wenn er ein Gleichgewicht in seinen Wahrnehmungen findet. Ein interessanter Punkt, dachte ich, aber ich habe keinen irdischen Körper. Als ich mich im Klassenzimmer umsah, stellte ich fest, dass alle Schüler leuchtend puderblaue Umrisse hatten. Ich streckte den Arm aus, doch ich konnte keine leuchtenden Umrisse an meinem eigenen Körper erkennen.

Da ich dieses Phänomen noch nie gesehen hatte, fragte ich mich, ob es vielleicht vom Inhalt eines dieser blubbernden Röhrchen oder von einem Energiefeld, das die Lehrerin womöglich ausstrahlte, verursacht worden sein könnte.

»Bitte aufpassen und den Blick nach vorne richten«, ermahnte mich Miss Lavender.

Ich kam mir vor, als wäre ich wieder in der dritten Klasse, aber ich gehorchte. Doch als sie weiter unterrichtete, wanderten meine Gedanken wieder zu Brock und Andy, die so sang- und klanglos von mir gegangen waren. Das Gefühl der Einsamkeit stieg wieder in mir hoch, und ich merkte, dass die Lehrerin mich zwar im Auge behielt, mich aber nicht darauf ansprach.

Als sie mit der Vorlesung fertig war, gingen viele Schüler zu ihr hin und schüttelten ihr die Hand. Sie bemühte sich sichtlich, jeden Einzelnen zu berühren, indem sie ihm auf die Schulter oder den Rücken klopfte. Zu jedem Schüler sagte sie so etwas wie »Sei stark« oder »Sei klar«. Ich konnte nicht alle ihre Bemerkungen verstehen, doch ihre Fähigkeit, sich individuell um jeden Schüler zu kümmern, faszinierte mich.

Schließlich sah sie mich an. »Galen, möchtest du vielleicht über irgendetwas reden?«

Ich fühlte mich gehemmt; daher starrte ich auf meinen Tisch und schwieg.

»Ich weiß, dass dich etwas beschäftigt«, beharrte sie. »Möchtest du darüber sprechen?«

Natürlich wollte ich darüber reden. Also erzählte ich ihr von der wunderbaren Freundschaft zu Brock und wie ich durch ihn emotional offener wurde. Ich sagte ihr, dass ihre Vorlesung mir zwar geholfen hatte, das etwas besser zu verstehen, doch dass ich immer noch traurig war, weil er gegangen war. »Ich habe auch keine Ahnung, was aus meinem Freund Andy geworden ist. Ich konnte mich nicht einmal von ihm verabschieden - er machte plötzlich einen Sprung - und weg war er«, fügte ich hinzu.

»Ich weiß, das du ein Schüler bist, der immer noch mit all den unglaublichen Möglichkeiten beschäftigt ist, die es in dieser Dimension gibt«, erklärte Miss Lavender. »Aber wenn du langsamer trittst und auf den Rhythmus dieser Dimension achtest, wirst du feststellen, dass die Leute hier wie auf der Erde kommen und gehen. Es gibt Zeiten, in denen man manches nicht vollenden kann, bevor man geht – oder zumindest scheint es so für die Zurückgebliebenen. Du hast geglaubt, Andy sei nicht nur dein Lehrer, sondern auch dein Kumpane, der immer bei dir bleiben würde. Andys Agenda ist jedoch eine ganz andere. Andy lebt nicht in dieser Dimension und ist auch nicht Teil dessen, was du erschaffen hast. Du bist schlau genug, längst erkannt zu haben, dass Andy nicht das war, was er zu sein schien. Er war noch nicht einmal Andy, sondern eher etwas, mit dem ihr beide arbeiten konntet, damit du etwas über Freundschaft und Verbundenheit lernen konntest. Andy ist ein fühlendes Wesen und weiß genau, was er zu tun hat.«

Ich versuchte, Trost in ihren Worten zu finden, doch ich konnte meine Gefühle nicht überwinden. »Wo ist Andy hingegangen? Was ist geschehen? Warum hat er mir nichts gesagt? Warum hat er mich am Abend davor nicht besucht?«, sprudelte es aus mir heraus.

Als ich all meine Gefühle herausgelassen hatte, sah Miss Lavender mich gelassen an und sagte: »Andy musste zurück zur Erde gehen.«

»War es wegen Brock – weil Brock eine Weile als Mensch leben wird?«

»Nein, es hatte nichts mit Brock zu tun, sondern mit der Chance, ein Portal zu nutzen, wofür man nicht empfangen und geboren werden muss. Brock wird einfach *da* sein, und seine Geburt wird immer ein Geheimnis bleiben. Deshalb ist Andy mit durch dieses außergewöhnliche Portal geschlüpft, was schon immer so geplant war. Andy hat schon den irdischen Körper eines anderen übernommen und wird das Leben des anderen weiterleben. Solche Situationen sind zwar sehr selten, kommen aber vor.«

Ich wusste, wovon Miss Lavender sprach, da mein Vater dieses Phänomen nach dem großen Tsunami Ende 2004 an der indischen Küste beobachtet hatte. Im Traum hatte er gesehen, wie ein zwölfjähriger Junge sein Leben verloren und dann in den Körper eines geistig Behinderten versetzt wurde, der mehr als doppelt so alt war wie er. Mein Vater hatte ihn einen »Seiteneinsteiger« genannt. Der Übergang war emotional äußerst schwierig, da der Junge nicht in diesem Körper sein wollte und das Gefühl hatte, als hätte man ihm sein Leben gestohlen. Für mich erklärte das jedoch, warum Andy mit seinem tiefsinnigen Blick mehr als nur ein Hund war und weshalb Andy ein Lehrmeister der äußeren Erscheinungsformen war – er hatte keine eigene äußere Gestalt. Andy ist ein Wesen, das mit der Materie eines anderen verschmelzen kann, ohne sie zu zerstören, und das den Verlauf dieses Lebens beschleunigen kann, um eine Aufgabe zu vollenden.

»Er hat die Chance ergriffen, einen menschlichen Körper zu belegen, ohne empfangen oder geboren werden zu müssen«, erklärte Miss Lavender.

Es überraschte mich ein wenig, da ich mir nie Gedanken darüber gemacht hatte, was das Wesen – als Andy der Hund getarnt – als Nächstes tun würde. Ich hatte es jedoch mit eigenen Augen gesehen. Auch wenn er seine Sache als Hund gut gemacht hatte, hatte ich Andy doch in vielfältiger Weise erlebt. Daher sah ich, wie wahrscheinlich es war, dass er als »Seiteneinsteiger« zurück auf die Erde gehen würde. Das konnte ich akzeptieren.

Wie Miss Lavender mir erzählte, verbannen viele Menschen Seele und Geist tief ins Unbewusste ihrer Psyche, während ihre Persönlichkeit eine Illusion des Verstandes auslebt. Der Mensch, dessen Körper nun von Andy besetzt ist, wird anstelle einer Persönlichkeit, die eine Illusion des Verstandes darstellt, ein äußerst bewusstes Wesen haben, das ich zuvor als Andy gekannt habe. Sie sagte, dass dieses Phänomen so selten ist, weil dafür eine tiefe Vereinbarung erforderlich ist und weil das betreffende Wesen fähig sein muss, Einfluss auszuüben, zu lehren und zu reflektieren. Das ist das Gegenteil der bösartigen Wesen, die in Personen mit einer schweren Sucht einen Raum einnehmen und ihr Leben zerstören, während sie sich von deren Abhängigkeit nähren. Auch wenn der Raum derselbe ist, kann ein unerwünschter Bewohner – ob förderlich oder parasitär – nicht eindringen, wenn der Raum vom Bewusstsein des Geistes und der Seele ausgefüllt ist.

»Ich fühle mich immer noch schlecht, weil ich Andy und Brock nicht einander vorstellen konnte«, sagte ich zu Miss Lavender.

»In gewisser Weise sind sie sich begegnet. Brock spürt solche Gelegenheiten, und er wird ein Lehrer sein, der nicht nur Harmonie herstellt, sondern auch ein Bewusstsein für das Unmögliche erweckt, indem er Theorien beweisen wird, die vielen Wissenschaftlern auf Erden immer noch Kopfzerbrechen bereiten. Brock wollte Andy wegen seiner Wesensart kennenlernen – genauso wie er von dir gelernt hat, wie man ein Mensch ist. Das Bewusstsein auf Erden ist im Umbruch«[13], fügte sie hinzu, ohne dies weiter zu erläutern.

»Wohin ist Andy gegangen?«, fragte ich sie.

»Ein junger Mann, der vierundzwanzig ist, lag nach einem Skiunfall im Koma. Er hätte sich von dem Skiunfall nicht mehr erholt. Nun ist er aus dem Koma aufgewacht. Fast all seine Erinnerungen sind in seinem Unterbewusstsein verschüttet, doch er verfügt immer noch über die Grundfunktionen wie Gehen und Sprechen, und er erkennt vage seine Familienangehörigen. Vor seiner Geburt hatten sein Geist und seine Seele vereinbart, im Falle einer solchen Situation Raum für ein außergewöhnliches Leben im Dienste anderer und in voller Klarheit zu machen. Das Leben dieses prächtigen jungen Mannes hat Auswirkungen auf viele andere in seinem Umfeld, und

---

13) Auf der Erde wächst das Bewusstsein, dass alles miteinander verbunden ist, und dieses Verständnis ist nirgendwo stärker als in dem Wissen, dass ein Bewusstsein mit einem anderen verschmelzen kann.

deshalb war es wichtig, dass es erhalten wurde. Genau das tut das Wesen, das du vorher als Andy gekannt hast.«

Ich dankte Miss Lavender dafür, dass sie das Geheimnis um Andy und das Geschehene gelüftet hatte. Insgeheim musste ich lachen, weil Andy nicht mehr Andy war, weil er noch nie Andy gewesen war und dennoch immer Andy für mich bleiben würde. Trotzdem spürte ich immer noch den Verlust.

»Ich möchte Sie noch etwas fragen, Miss Lavender«, sagte ich im Hinausgehen. »Warum hatten alle anderen Schüler leuchtend blaue Umrisse?«

Sie lachte. »Weil sie alle zur Erde zurückkehren.[14] Sie nehmen den normalen Weg – über die Empfängnis, die Geburt und so weiter.«

Ich stutzte. »Gehe ich denn auch zur Erde zurück?«, fragte ich.

»Nein, noch nicht. Du hast immer die Wahl, aber ich vermute, dass du hier erst noch viel lernen musst. Natürlich braucht man keinen bestimmten Kurs zu absolvieren oder sich bestimmtes Wissen anzueignen, um auf die Erde zurückkehren zu können. Auch wenn dies weise wäre, läuft das nicht immer so ab. Die Seele respektiert den freien Willen und die Entscheidungsfreiheit.«

»Warum wurde ich dann von diesem Klassenzimmer angezogen?«, wollte ich wissen.

Miss Lavender lachte erneut. »Weil jemand dir sagen musste, wo Andy ist. Jemand musste dir klarmachen, dass deine Freunde dich nicht verlassen haben und dass sie sich schon seit langem von dir verabschiedet haben. Andy hat dich sehr geliebt. Er war

---

14) Der subtile blaue Schimmer sieht aus wie eine Membrane, und mir wurde gesagt, dass in der Zusammensetzung des Körpers derjenigen, die kurz vor ihrer Rückkehr zur Erde stehen, tatsächlich eine physikalische Veränderung stattfindet. Das blaue Lichtfeld markiert den Zeitpunkt, wenn ein Körper sich aktiv auf die Rückkehr vorbereitet, indem er in eine ätherische Form übergeht, um auf der anderen Seite mit irdischer Materie zu verschmelzen. Ich verdanke die Tatsache, dass ich diese blaue energetische Veränderung sehen kann, Brock und seiner Familie, da ihr Gesang meine Fähigkeit, subtile Veränderungen der Energie zu erkennen, geweckt hat.

dir ein treuer Lehrer und Freund. Andy hat dich nicht verlassen, sondern ist weitergegangen. Genauso wie du weitergehen wirst – und schon weitergegangen bist.[15]« Sie lächelte.

Ich dankte ihr noch einmal und war froh, dass ich auf meine Intuition gehört hatte und mich in dieses Klassenzimmer gesetzt hatte. Jetzt fühlte ich mich ein wenig besser.

◆

Anmerkung des Herausgebers:
Obwohl Hunde in Galens irdischem Leben eine wichtige Rolle spielten und er bei seiner Mutter viele Hunde hatte, gab es in meinem Haus nur Sprout. Ich lernte Sprout im Sommer 2002 kennen, als eine Patientin ihn in mein Wartezimmer mitnahm und ich mitbekam, dass sie ihn gerade vor dem Tod gerettet hatte und ihn Sprout (= Sprosse) genannt hatte, weil er aus dem Nichts gesprossen war, sie ihn jedoch nicht behalten konnte. Ich lief ein paar Mal um ihn herum und begutachtete ihn. Dann sagte ich ihr, er könne bei mir bleiben. Seitdem begleitet er mich fast jeden Tag in die Klinik, und meine Patienten rufen seinen Namen, um ihn zu streicheln. Ich weiß noch, wie ich Galen am Telefon gesagt habe, dass er einen neuen Hund habe. Als er mich fragte, wie der Hund denn aussähe, sagte ich, er sähe so aus, als wäre er einem Comicbuch entsprungen oder aus einem Zirkus weggerannt. Von Anfang an hatte ich das Gefühl, dass mehr als nur ein Hund in ihm steckte, da er sich ganz anders verhielt als alle Hunde, die ich bisher gekannt hatte.

---

15) Die Bemerkung bezieht sich auf die Fortschritte, die ich gemacht habe, seit ich in diese Dimension gekommen bin, doch mein Weg hier führt mich weit über das hinaus, was für die Rückkehr zur Erde notwendig wäre. Manchmal sehne ich mich zwar nach der Erde zurück, doch ich verfolge ein ganz bestimmtes Ziel. Wie man mir sagt, werde ich bei meiner Rückkehr einen vollständig bewussten Zugang zu vielem von dem, was ich auf dieser Seite gelernt habe, haben.

Galen stellte fest, dass Sprouts Energie Andys Energie gleicht – nicht, dass er so hochentwickelt oder von Andys Kaliber wäre, aber er strahlt mehr aus als das gewöhnliche Bewusstsein eines Hundes. Auch ist er in der Gesellschaft von Menschen vollkommen entspannt und ein sehr guter Gefährte. Sprout ist mit Sicherheit mehr als nur ein liebenswerter Hund, der sich zu benehmen weiß, ohne dass ich ihn je hätte erziehen müssen. Er ist eine weise Seele, die als Beschützer, Begleiter und Hüter dient und sich in einem Hundekörper verbirgt.

Galen sagte, es sei kein Zufall, dass Sprout in unsere Familie kam, und er meinte, dass Sprout wüsste, wenn Galen mit mir Verbindung aufnimmt, da Sprout Galen innig geliebt hat. Ich lehrte Galen, dass das wahre Wesen des irdischen Lebens im Tierreich zu finden ist und dass Tiere die besten Lehrer sind, um einem das Leben auf Erden nahezubringen. Man kann sich sicherlich vorstellen, dass viele hochentwickelte bewusste Wesen diese Rolle erleben und als Mitglieder des Tierreichs am Leben teilhaben wollen, vor allem als Haustiere, die einen engen Kontakt zu Menschen haben, wie beispielsweise ein geliebter Hund, ein Pferd, ein Vogel oder eine Katze. Auch wenn es sicherlich nicht auf alle Hunde und Katzen zutrifft, ist es eher die Regel als die Ausnahme, und obwohl nur wenige so hochentwickelt sind wie Andy, gibt es doch viele wie Sprout.

Im Universum wimmelt es von höher entwickelten Wesen mit einem Bewusstsein, und das Leben als geliebtes Haustier kann wichtige Lernchancen bieten – in Form der direkten Zusammenarbeit mit Menschen oder als Beschützer, Lehrer oder Gefährte des Menschen. Allein die Vorstellung, dass sie die Chance nutzen, die die Erde ihnen bietet, kann uns innehalten lassen und zum Nachdenken bringen, wie wir mit unseren kleinen Brüdern – wie die Indianer die Mitglieder des Tierreichs nennen – umgehen. Manche Tiere sind uns vielleicht ebenbürtig und andere mehr als das: nämlich höher entwickelte, bewusstere Wesen als wir. Als Menschen halten wir uns viele von ihnen auf diesem Planeten, und es würde uns definitiv guttun, alle Spezies mit größtem Respekt zu behandeln.

Auch wenn wir Menschen seit jeher Tiere essen, segneten menschliche Gesellschaften, die mit der Natur noch eng verbunden waren, den Geist des Tieres, das sie gejagt und getötet hatten, und dankten ihm. Im Gegensatz dazu wirft Grausamkeit gegenüber den Geschöpfen, mit denen wir uns die Erde teilen, kein gutes Licht auf die Menschheit und dient auch nicht dem Tierreich. Tiere grausam zu behandeln oder auszubeuten, wird nicht aus moralischen Gründen verurteilt, sondern weil es keinem dient.

Tatsache ist, dass viele Menschen offener auf Tiere als auf ihre Mitmenschen reagieren – sie vertrauen Tieren, lieben sie und suchen ihre Nähe. Es ist bekannt, dass Tiere eine enorme therapeutische Wirkung auf Menschen haben können, die sich einsam fühlen oder sich von ihren Lieben distanziert haben. Das ist so, weil diese Tiere Lehrmeister auf Ebenen sind, die man sich nicht vorstellen kann. Die Erde ist eine Schule, und ihre Lehrer kommen in ganz unterschiedlicher Gestalt daher. Wir sind auf diesem Planeten nie allein – eine Wahrheit, die sehr tröstlich und beglückend ist.

Epilog

An dem Tag, an dem Andy mich verließ, stellte ich mir in Gedanken immer wieder den Riesensprung vor, mit dem er von mir gegangen war. Noch heute bleibt mir die Szene lebhaft in Erinnerung – und auch der Geruch von Ozon, der in der Luft lag. Ich setzte mich und starrte auf die Stelle, an der Andy und Brock verschwunden waren. Zuerst wollte ich nicht wirklich wahrhaben, dass Andy weg war, auch wenn ich mir eingestehen musste, dass er von der Stelle verschwunden war. Ich wusste zwar, dass Andy kein Hund war, doch ich hätte nie gedacht, dass er mich jemals verlassen würde. Natürlich würde ich Brock vermissen und war traurig, ihn als Freund verloren zu haben, doch bei Andy war es so, als würde mir ein Arm fehlen. Ein so tiefes Verlustgefühl ist in meiner Dimension zwar selten, aber nicht unmöglich. Ich sann darüber nach, wie Andy und ich mit einem Ball oder einem Stöckchen gespielt hatten, weil er Spaß an den Dingen hatte, die normale Hunde auch mögen, und ich bedauerte, dass das jetzt vorbei war.

Außer der Erkenntnis, dass Erscheinungen täuschen können, erwartete mich noch eine Lektion, nämlich dass hinter jedem Ereignis ein Sinn und Grund steckt. Doch in den nächsten Tagen gab ich mich einfach dem Schock über Andys Verschwinden hin. Trotzdem ging ich weiter in die Schule und traf dabei manchmal Mitschüler oder Lehrer, die ich schon kannte. Die Tage gingen ineinander über, bis mir allmählich dämmerte, wie sehr Andy meine Existenz in dieser Dimension definiert hatte. Ich dachte an meine Hunde auf Erden und wie jeder von ihnen einen Platz in meinem Leben ausgefüllt hatte, so wie Personen an unserer Seite ein Bedürfnis befriedigen und sehr vermisst werden, wenn sie nicht mehr da sind.

Brock hatte mir ein ganzes neues Gebiet der Weisheit und des Wissens vorgestellt, und dieses Geschenk ist mir geblieben. Er hatte mir gezeigt, wie ich meine Wahrnehmung ändern kann, indem ich Gehirn und Körper ruhigstelle und mich in eine höhere Offenheit hineinbegebe. Auch Wyrme war entzückend, wenn er sich rührte, sich um meinen Hals wickelte und schnurrte. Doch bei keinem von ihnen hatte ich den deutlichen Austausch von Liebe gespürt, der zwischen Andy und mir stattgefunden hatte. Wie mir klar wurde, nehmen diejenigen, die einen Platz in unserem Leben einnehmen, auch unsere Liebe ein – eine Offenbarung, die mein Herz öffnete.

Ich kehrte mit einem neuen Bewusstsein darüber, wie viel Raum Liebe in meiner Welt einnahm, zu meinem Felsen zurück. Ich horchte nach innen und stellte schon bald fest, dass die zentralste Kraft des Universums die Liebe ist. Da begriff ich in meinem tiefsten Inneren, dass ich mich nie wieder einsam fühlen würde. Es war ein neues Gefühl der Dazugehörigkeit und Dankbarkeit. Ich konnte dieses neue Level der Verbundenheit mit meiner Familie, mit Brock und seiner Familie und mit Carl teilen. Im Grunde konnte ich sie mit jedem auf meiner Seite des Universums teilen. Auch wenn man hier andere Optionen hat als auf der Erde und ein breiteres Feld der Möglichkeiten, in dem man Dinge erschaffen kann, braucht man trotzdem die notwendige Verbundenheit, die mit dem Gefühl der Liebe einhergeht.

Ich verbrachte viel Zeit damit, mich auf meinem Felsen auszuruhen, Wyrmes leisem Schnurren zuzuhören, die Wolken am Himmel vorbeiziehen zu sehen, mich am grünen Gras zu erfreuen – ohne darüber nachzudenken, wie ich diese Dinge erschuf – und zu spüren, dass ich einfach nur *war*. Ich öffnete mein Bewusstsein und konnte meine ganze Kindheit sehen – von dem Moment der Empfängnis an, in dem ich beschloss, Liebe einzuatmen, zu wachsen und ein menschliches Leben zu führen. Ich konnte mein

Leben bis zum jetzigen Augenblick verfolgen und empfand die ganze Zeit über dasselbe Gefühl der Verbundenheit, das ich gehabt hatte, als Brocks Familie mir vorgesungen hatte. Es war erstaunlich, dass ich dieses Gefühl ohne Hilfe von außen zurückholen konnte. Da wusste ich, dass ich nie mehr allein sein würde.

Kurz darauf richtete ich mich auf und beschloss, Carl zu suchen. Es fühlte sich in diesem Augenblick richtig an, eine Weile mit meinem kleinen Bruder zu verbringen.

Anmerkung des Herausgebers:
Der Höhepunkt von Galens Erkenntnis, dass er Teil des Einen ist und es keine Trennung zwischen ihm und allem anderen gibt, ist der wesentliche Augenblick – dann wird man sich seines Wesens, seines wahren Selbst, vollkommen bewusst. Wenn dieser Zustand in einem irdischen Körper erreicht wird, nennen Buddhisten das den Weg des barmherzigen Buddha. Andere Religionen haben andere Bezeichnungen für diesen Zustand, der uns – wenn wir ihn erreicht haben – aus unserem Dämmerschlaf weckt und uns von der unbewussten Teilnahme am täglichen Leben befreit. Der Antrieb, wach zu sein, könnte die stärkste unbewusste Kraft sein, die das Bewusstsein hervorruft.

Eine der größten Hürden auf dem Weg zum vollständigen Erwachen ist die Persönlichkeit, die abwägt, vergleicht und beurteilt. Ihre Werkzeuge steuern der Erleuchtung nichts Nützliches bei, aber dennoch kann man die Persönlichkeit nicht einfach ignorieren oder ihr aus dem Weg gehen. Im Gegenteil: Die Persönlichkeit – oder die mit ihr verbundene Ich-Struktur – wird häufig als das letzte Tor angesehen, durch das man gehen muss, um Erleuchtung zu erfahren. An diesem Tor kann die Persönlichkeit ein Teil des Ganzen werden und dadurch neutral werden. Neutral zu sein bedeutet nicht, keine Emotionen oder Gedanken zu haben; stattdessen bedeutet es, dass sich die Sichtweise geändert hat und alles nun als gleichwertig angesehen wird.

Die Herausforderung besteht darin, diese Sichtweise zu erreichen, wenn die Persönlichkeit sie blockiert, denn jeder befindet sich ständig in einem Zustand des Bewusstseins. Tatsächlich befindet sich jedes fühlende Wesen auf Erden in einem Zustand des Bewusstseins. Die Schwierigkeit besteht darin, sich mit diesem Bewusstsein, das sich jenseits von Vernunft oder Verstand befindet, zu verbinden.

In Galens Dimension scheint die Persönlichkeit weitaus leichter neutral zu werden als auf der Erde, und das könnte erklären, was er auf seinem Bodhi-Felsen erreicht hat. Seine Erfahrungen, die selbst für seine Dimension ungewöhnlich sein könnten, bereiten ihn womöglich darauf vor, Referendar in einem der Klassenzimmer zu werden – zumindest im erweiterten Schulprogramm. Das ist es, was ich in meinen Träumen sehe.

Auf Erden fragte man sich womöglich, warum Wissen über diese andere dimensionale Realität, in die wir eines Tages übergehen, im besten Fall in Mythen und Fabeln gehüllt wird und im schlimmsten Fall durch religiöse Dogmen verzerrt oder verschleiert wird. Wäre es anders, hätten wir vielleicht eine fundierte Kenntnis über die Umstände, die uns nach dieser materiellen Existenz erwarten, denn unser Bewusstsein dauert fort ... Wir könnten so auch mehr Verantwortung für unser Verhalten auf Erden übernehmen.

Frühere Generationen der Menschheit verließen sich auf ihren Instinkt, um zu überleben, und damit kam auch ein instinktives Wissen über ein solches Reich. Doch heute lehren wir unsere Kinder nicht mehr, sich auf ihren Instinkt zu verlassen, um in der physischen Welt zu überleben oder um sich mit ihrem Geist oder dem Geist der Erde zu verbinden – als wüssten wir, was wir sie lehren sollten. Das uralte Wissen ist fast gänzlich vergessen – vielleicht, weil wir uns an großen Zahlen festhalten. Paradoxerweise hat uns dieses Tauschgeschäft unsicherer gemacht, da wir unseren Zugang zur inneren Führung verloren haben.

Während die Jahrhunderte verstreichen und die Menschheit sich zum Zeitalter des Herzchakras weiterentwickelt, wird das Wissen, das einst verloren war, hoffentlich wieder einen Platz in uns einnehmen – vielleicht in den erweiterten Herzen der Menschheit. Und wenn die Macht des menschlichen Instinkts es zurückholt, wird es nicht wie bei unseren Vorfahren dem Überleben dienen, sondern stattdessen dem Verständnis, dass wir von viel mehr umgeben sind, als das bloße Auge erkennen kann, und dass das Bewusstsein über unseren irdischen Körper hinausgeht. Glücklicherweise bleibt die Erinnerung an dieses erweiterte Bewusstsein in den Schöpfungsgeschichten der Urvölker auf der ganzen Welt und in den Praktiken ihrer »Hüter der Weisheit« lebendig.

Auf ähnliche Weise könnte *Mein Leben nach dem Leben*, das gemeinsame Projekt eines Vaters und seines Sohns, dazu beitragen, dass auf dieser Erinnerung aufgebaut wird. Damit könnte es auch etwas zu einem wachsenden Bewusstsein um die Gesetze und Wahrheiten des Universums beisteuern. Ich nehme einen Platz ein, damit Galen weitergehen kann, und er nimmt einen Platz ein, damit ich dasselbe tun kann. Ich glaube an die Wahrscheinlichkeit des Unmöglichen. Und ich bin mir sicher: Alles, was wirklich zählt, ist ein Herz, das bedingungslos lieben kann – die ultimative Macht, die sich von nichts abhalten lässt.

Danksagungen

Dieses Buch hätte ohne die Verbindung, die das Trancemedium Audrey Wrinkles mir ermöglicht hat, nicht geschrieben werden können. Ohne ihr Engagement, mich mit den Führern, die mit ihr zusammenarbeiten, zusammenzubringen, gäbe es dieses Buch nicht. Sie haben mich ausgebildet, mir meine Traumerlebnisse erklärt, eine Brücke gebaut, mir meine Eingebungen übersetzt und bestätigt. Sie haben mir in der schwersten Zeit meines Lebens Trost gegeben und dafür gesorgt, dass ich wusste, dass ich nicht allein und verlassen war.

Ich bin Suzy Ward, die beinahe sofort nach Galens Tod für mich da war, und natürlich auch ihrem Sohn Matthew dankbar. Suzy hat für mich den Kontakt zur Trauerberaterin und Autorin Terri Daniel hergestellt, die beim Lektorat meines Buches mitgewirkt hat.

Außerdem schulde ich meinen Freunden Julie Gordon, Gail Fiverson und Mattea Gonzales und anderen meinen Dank, denen ich jedes einzelne Kapitel vorlesen durfte. Mein Dank geht auch an Heather und Avery King dafür, dass ich ihnen mein Journal vorlesen durfte, noch bevor Galen mich bat, sein Buch niederzuschreiben.

Mein besonderer Dank geht an Paul Martin der Search und Rescue Dog Association in Südschottland, dessen Hund Cairn für das Gemälde von Andy Modell stand, das die Künstlerin Chris Kelly aus Santa Fe angefertigt hat.

Abschließend möchte ich mich bei Ellen Kleiner der Blessingway Authors' Services und allen, die sie zusammengetrommelt hat, für ihre Hilfe bei der Entstehung dieses Buches bedanken.

Über den Autor

In vielerlei Hinsicht war Galen Stoller ein ganz normaler amerikanischer Junge. Er ging gerne in Themenparks und ins Kino und zu seinen Großeltern, alberte in der Schule herum und unternahm viel mit seinen Freunden. Die Welt der Science-Fiction und Fantasy faszinierte ihn und er verschlang die komplette Harry-Potter-Serie, die Golden-Compass-/Dark-Material-Serie und die Bartimaeus-Trilogie. Außerdem las er die Bücher von C. S. Lewis (»Narnia«) immer wieder – mit Ausnahme des letzten Bands, in dem alle Protagonisten bei einem Zugunglück ums Leben kommen; dieses Buch las er nur einmal und nahm es nie mehr in die Hand.

Es war ein Zugunglück, bei dem Galen im Alter von sechzehn Jahren sein Leben verlor. Damals besuchte Galen die elfte Klasse der Desert Academy in Santa Fe und dachte daran, aufs College zu gehen. Er war schon ein erfolgreicher Laienschauspieler und sollte in der Aufführung *Oliver!* die Doppelrolle des Fagin und des Bill Sikes spielen. Außerdem war er Vegetarier aus ethischen Gründen und half dem Verband Assistance Dogs of the West bei der Ausbildung von Hunden. Dafür wurde er postmortem mit dem Amy Biel Youth Spirit Award 2008 ausgezeichnet. Nach seinem zweiten Todestag bat er seinen Vater, *Mein Leben nach dem Leben* – den ersten Band der Serie, der er den Namen *Death Walker* gab – zu schreiben.

Über den Herausgeber

Dr. K. Paul Stoller begann seine medizinische Laufbahn als Kinderarzt und war über zwei Jahrzehnte lang ein Diplomat des American Board of Pediatrics. Davor war er Anfang 1970 ein Mitglied der President's Undergraduate Fellowship der Fakultät für Gesundheitswissenschaften an der Universität von Kalifornien, wo er in der Abteilung für Anästhesiologie der UCLA arbeitete und ehrenamtlich am Parapsychologischen Labor des Neuropsychiatrischen Instituts der UCLA tätig war, das später geschlossen wurde. Er immatrikulierte an der Penn State University und schloss sein Studium an der UCLA ab.

Seine ersten Werke – psychopharmakologische Schriften – veröffentlichte er noch vor Beginn seiner medizinischen Ausbildung. Während der Ausbildung machte er Recherchen für den Amerikanischen Tierschutzverband und engagierte sich für ein Verbot medizinischer Versuche an Hunden in Tierheimen, was ihn in gewissen Kreisen sehr unbeliebt machte, als er im *International Journal for the Study of Animal Problems* einen Artikel mit dem Titel »Sewer Science and Pound Seizure« (*ungefähr:* »Müllwissenschaft und Tierheimanfälle«) publizierte. Man lud ihn daraufhin ein, ein Gründungsmitglied des Vorstands der Humane Farming Association zu werden. Außerdem war er als wissenschaftlicher Lektor für das *Animal's Voice Magazine* tätig und wurde für den Maggie Award nominiert.

Als ein Freund, der Geschäftsführer der Apple Computer's Advanced Technology Group, Mitte der 1990er ins Koma fiel, begann Dr. Stoller, sich näher mit hyperbarer Medizin zu beschäftigen. Schon bald behandelte er hirngeschädigte Kinder und Erwachsene – darunter auch Veteranen des Irak-Kriegs und pensionierte Footballspieler der National Football League, die traumatische Hirnverletzungen erlitten hatten – mit hyperbarem Sauerstoff und ebnete den Weg für die Anwendung dieser Therapiemethode bei Kindern mit fötalen Alkoholsuchtsymptomen. Seit fast zehn Jahren ist er ein Mitglied der Fellowship des American College of Hyperbar Medicine und Präsident der International Hyperbar Medical Association.

Als sein Sohn im Jahr 2007 bei einem Zugunfall ums Leben kam, entdeckte er die Wirksamkeit des Hormons Oxytocin bei der Behandlung von pathologischer Trauer. Dr. Stoller unterhält in Santa Fe, Sacramento und San Francisco Arztpraxen.

Elisabeth Kübler-Ross

Über den Tod und das Leben danach

»Ich glaube, es ist jetzt Zeit, dass die Leute wissen, dass der Tod gar nicht existiert, wenigstens nicht so, wie wir uns das vorstellen.«

Die Schweizer Ärztin Dr. Elisabeth Kubler-Ross wurde für ihre wissenschaftlichen Arbeiten von mehreren Universitäten mit einem Ehrendoktortitel ausgezeichnet. Die Sterbeforschung hat durch ihre Bücher an besonderer Aktualität gewonnen, wie auch in der Sterbehilfe durch ihre eindringlichen Appelle neue Akzente gesetzt wurden.

»Sterben ist nur ein Umziehen in ein schöneres Haus.«

128 Seiten, gebunden
ISBN 978-3-89845-365-3
€ [D] 12,95

Elisabeth Kübler-Ross

Lebe jetzt und über den Tod hinaus

Die Schweizer Ärztin Dr. Elisabeth Kübler-Ross ist eine der bekanntesten Ärztinnen unserer Zeit und die Begründerin der modernen Sterbeforschung. Ihre Definition der heute wissenschaftlich anerkannten fünf Phasen des Sterbens revolutionierte die Forschung. Für ihre weltweit geschätzte Arbeit erhielt sie 20 Ehrendoktortitel an verschiedenen Universitäten und wurde vom TIME Magazine zu den »100 größten Wissenschaftlern und Denkern des 20. Jahrhunderts« gewählt. In diesem wegweisenden Buch offenbart uns Elisabeth Kübler-Ross die Antwort auf die wohl wichtigste Frage über das Leben und den Tod: Wie können wir unser jetziges Leben gestalten, um es mit dem Sterben zu versöhnen?

160 Seiten, gebunden
ISBN 978-3-89845-378-3
€ [D] 14,95

Elsa Barker

Vom Leben im Jenseits
Botschaften der Zuversicht

Mit diesem ungewöhnlichen Buch erhalten wir einen überraschenden Einblick ins Jenseits. Elsa Barker übermittelt uns die Botschaften ihres verstorbenen Freundes, die dieser ihr aus der jenseitigen Welt sendet. Er schildert das Leben in den Astralsphären, seine oft heiteren Begegnungen mit Menschenseelen, mit Engeln und Elementarwesen. Die authentischen Geschichten vermitteln Einblicke in die lichten Sphären des Himmels.

Wir lernen die jenseitige Welt aus erster Hand kennen. Dieses Verstehen des Jenseits nimmt uns die Angst vor dem Tod.

240 Seiten, broschiert
ISBN 978-3-89845-419-3
€ [D] 16,95

152 Seiten, broschiert
ISBN 978-3-89845-397-4
€ [D] 12,95

Trutz Hardo
Hab keine Angst vor dem Tod
Was die Forschung herausgefunden hat

Die Frage nach dem, was nach dem Tod kommt, beschäftigt uns alle und wir fragen uns, ob er das Ende ist, ob es ein Leben nach dem Tod gibt und wie dieses aussieht. Trutz Hardo zeigt uns hier auf beeindruckende Weise, dass es nach dem Tod weitergeht. Er präsentiert die erstaunlichen Ergebnisse der Nahtodforschung bekannter Ärzte wie Elisabeth Kübler-Ross und Raymond Moody und schildert auch die bewegenden Nahtoderlebnisse vieler Menschen.
Dieses Buch gibt einen Überblick über die Forschungsergebnisse auf dem Gebiet des klinischen Todes, die beweisen, dass der Tod nicht das Ende ist ...

268 Seiten, broschiert
ISBN 978-3-923781-03-4
€ [D] 14,90

Anthony Borgia
Das Leben in der unsichtbaren Welt

Durch die Berichte von Raymond Moody und Elisabeth Kübler-Ross durften wir bereits einen kurzen Blick hinter den Schleier werfen. Hier liefert ein englisches Medium tatsächlich exakte und umfassende Beschreibungen der jenseitigen Welt und der Geschehnisse, die uns dort erwarten: der Übergang in die geistige Welt, das Leben dort, die verschiedenen Ebenen der höheren Dimensionen. Dieses Buch ist ein Meilenstein in der Beschreibung der jenseitigen Welten. Die hier beschriebenen, beispiellosen Erfahrungen animieren jeden dazu, sein irdisches Leben in Zukunft aus einer gänzlich anderen Perspektive wahrzunehmen.

160 Seiten, broschiert
ISBN 978-3-89845-387-5
€ [D] 14,95

Daniel Meurois-Givaudan
Die ungeborene Seele
Trost und Hoffnung nach Fehlgeburt und Abtreibung

Einfühlsam und eindringlich berichtet Daniel Meurois-Givaudan über den Weg der Frauen und Paare, die den Verlust eines ungeborenen Kindes verkraften müssen und sich der Problematik von Abtreibungen, der Bitternis von Fehlgeburten und den oft so schmerzlichen Fragen rund um komplizierte Geburten stellen müssen.
Damit reicht er mit diesem Buch all jenen die Hand, die nicht mehr wegschauen, sondern ihre Verletzungen und Wunden heilen wollen. Ein wohltuender Leitfaden, der hilft, einen banalisierten, verheimlichten und oft verleugneten Schmerz zu überwinden.

208 Seiten, broschiert
ISBN 978-3-89845-343-1
€ [D] 14,90

Edelgard Friedrich

Waren wir verabredet?

Wie Kinder ihre Eltern wählen

Die Beziehung zwischen Eltern und Kindern wird leichter, wenn sie erkennen, dass sie sich bereits aus früheren Leben kennen und der Begegnung vor der Geburt zugestimmt haben – mit dem Ziel, dass beide dabei in ihrer Entwicklung vorankommen mögen. Die Psychoanalytikerin Edelgard Friedrich fächert an zahlreichen Fallbeispielen problematische Eltern-Kind-Beziehungen auf und lässt den Leser die Konflikte in einem neuen Licht sehen. Die Frage »Waren wir verabredet?« werden Betroffene nach der Lektüre dieses Buches daher sicherlich mit »zum Glück« beantworten.

368 Seiten, broschiert
ISBN 978-3-89845-441-4
€ [D] 16,95

Elissa Al-Chokhachy

Der Tod meines Kindes und das Leben danach

Wunderbare Zeichen der Hoffnung

Trost und Zuversicht für trauernde Eltern.
Der Verlust eines Kindes ist wahrhaft unfassbar – wie sollen wir danach weiterleben? Die erfahrene Hospizschwester Elissa Al-Chokhachy übermittelt 82 wahre und berührende Geschichten von trauernden Angehörigen und Freunden, die zeigen, dass unsere Kinder immer bei uns bleiben. Wer den unvorstellbaren Verlust eines geliebten Kindes erleiden musste, findet Trost und Zuversicht in jeder dieser wunderbaren Begebenheiten. Von lebhaften Träumen, Klängen und Visionen bis hin zu Berührungen und erahnter Präsenz legen sie Zeugnis ab für die unsterbliche Liebe unserer Kinder. Die, die wir lieben, leben weiter.

232 Seiten, broschiert
ISBN 978-3-89845-430-8
€ [D] 14,95

Trutz Hardo

Ich hab schon mal gelebt

Kinder beweisen ihre Wiedergeburt

Kinder haben oft erstaunliche Erinnerungen an ihre früheren Leben. Das Band zu ihrem letzten Leben ist noch nicht vollständig zerschnitten und das Vergessen hat noch nicht eingesetzt. Und so berichten gerade kleine Kinder oftmals erstaunliche Details aus ihrem früheren Leben - Details, die sie gar nicht wissen könnten, hätten sie diese nicht selbst erlebt. Entdecken Sie in diesem Buch eine Fülle an Berichten, in denen Kinder uns an ihren Erinnerungen an frühere Leben teilhaben lassen. Die Geschichten der Kinder und deren Überprüfung durch bekannte Wissenschaftler beweisen, dass Kinder etwas wissen, das viele Erwachsene längst vergessen haben: Wir leben nicht nur einmal.

60 Seiten,
mit Abb., gebunden
ISBN 978-3-931652-21-0
€ [D] 13,90

Elisabeth Kübler-Ross
Sehnsucht nach Hause
Der Klassiker in neuem Design

Die weltberühmte Ärztin Dr. Elisabeth Kübler-Ross teilt uns in diesem Buch das größte Geheimnis mit, das uns nach dem Tod erwartet.
Sie hat Hunderte von Sterbenden begleitet und sich berichten lassen, was diese kurz vor ihrem Tod erblickten. Sie sahen die verstorbenen Verwandten, die gekommen waren, sie abzuholen.
Sie selbst durfte einmal einen Blick hinter den »Schleier« werfen, wovon dieses Buch berichtet.
Dieses Buch vermittelt wie wohl kein anderes Hoffnung auf das, was uns nach dem Tod erwartet.

128 Seiten
2-fbg., broschiert
ISBN 978-3-89845-442-1
€ [D] 9,95

Linus Mundy & Silas Henderson
Und plötzlich bist du nicht mehr da
Trost und Hoffnung nach dem Tod des Partners

Seinen Partner zu verlieren, den Seelengefährten, den Ehemann oder die Ehefrau, verlangt uns die größte innere Kraft ab, die wir aufbringen können. Wie ertragen wir es, jeden Tag ohne den von uns geliebten Menschen zu leben? Bei unserer Trauerbewältigung kann die Hilfe anderer Menschen, die diesen Schmerz bereits erlebt und das Trauma von Leid und Verlust gelöst haben, wertvoller sein als jeder theoretische Ratschlag.
Dieses hoffnungsgebende Buch möchte Sie in der schwierigen Zeit nach dem Tod Ihres Partners unterstützen und Ihnen helfen, Ihren Verlust ein bisschen besser zu verkraften.

120 Seiten,
2-fbg., broschiert
ISBN 978-3-89845-443-8
€ [D] 9,95

Linus Mundy & Silas Henderson
Du bist nicht mehr hier
Trost und Hoffnung nach dem Tod der Mutter oder des Vaters

Ganz gleich, wie lange unsere Eltern leben, wenn sie sterben, ist dies eine extrem schmerzhafte Erfahrung. Wir verlieren den Menschen, der uns erzogen und beim Aufwachsen begleitet hat, wir verlieren die Person, die unser Leben lang für uns da war.
Die Autoren dieses berührenden Buches wissen, dass die Welt ohne unsere Eltern nicht mehr dieselbe ist, denn sie haben selbst den schmerzhaften Verlust ihrer Eltern erlebt. Ihre hoffnungsgebenden Ratschläge helfen uns, das Gefühl des Verlustes zu akzeptieren und unser Herz nach der Trauer wieder heil werden zu lassen.

Weiterführende Informationen zu
Büchern, Autoren und den Aktivitäten
des Silberschnur Verlages erhalten Sie unter:
www.silberschnur.de

Natürlich können Sie uns auch gerne den
Antwort-Coupon aus dem beiliegenden
Lesezeichenflyer zusenden.

Ihr Interesse wird belohnt!